JN026717

できるビジネス

株式会社デジタルレシピ
取締役・最高技術責任者 古川渉一 監修　田口和裕／森嶋良子／いしたにまさき 著

インプレス

● 本書の内容

- 本書のChatGPTによる回答テキストはOpenAIの大規模言語生成モデルであるGPT-3.5を使用して生成しました。
- 本書の一部には、OpenAIの大規模言語生成モデルであるGPT-3.5、GPT-4を使用してテキストを生成し、著者がそのテキストを検証・編集・改訂した箇所が含まれます。記述内容については、著者が細大の注意を払って確認しました。
- 本書に記載されているサンプル通りのプロンプトや質問を入力したとしても、ChatGPTは異なる回答を出力することが多数あります。これはChatGPTの特性によるものですので、ご理解の上、本書をご活用ください。

はじめに

この瞬間にも世界は急速に変化しており、そのスピードは時が経つごとに増しているように思えます。テクノロジーの進化は生活や仕事の方法を根底から覆しており、その中でも特に人工知能（AI）の影響は大きいと言えるでしょう。

本書、「ChatGPT快速仕事術」は、この大きな潮流の中で、あなたがAIと共に仕事を行う力を身につけるためのガイドです。

AIというと遠い未来の話、あるいは高度な技術者だけのものと思われがちですが、それは間違いです。AIはすでに私たちの日常生活、仕事の現場に浸透し始めています。特に、ChatGPTといった自然言語処理のAIは、人々が情報を検索したり、文章を作成したり、問題を解決したりする方法を変えつつあります。

⋮

以上の文章はChatGPTが自動的に生成したものです。と言ったらあなたは驚きますか？「え？人間が書いたんじゃないの？」と驚く方と「ChatGPTならこれくらい余裕でできそうだよね」と納得する方の両方がいるのではないかと思います。

米国の非営利法人OpenAIが2022年11月に公開したチャットボットプログラム「ChatGPT」は、瞬く間に世界の注目を集め、その驚異的な自然言語理解能力により、ユーザーからは未来的なツールであると同時に身近な存在として受け入れられました。しかし、大学や法律の試験問題が解ける、論文も人間が書いたようといった面が報道で騒がれる反面、ビジネスパーソンが仕事にどう役立てていけばいいのかといった具体例は、まだなかなか語られていません。

本書は「ChatGPT快速仕事術」とあるように、主にChatGPTを仕事で活用するためのさまざまなヒントを詰め込みました。

Chapter 1「ChatGPTとは?」では、最初にChatGPTとは何なのか、どのような仕組みで動いているのかをおおまかに説明します。

Chapter 2「基本のプロンプト」では、「プロンプト」と呼ばれるChatGPTへの質問文の基本について解説します。

Chapter 3「仕事に役立つ基本の使い方」では、日常的にChatGPTを活用する際に知っておきたい前提知識やテクニックを解説します。

Chapter 4「ChatGPT文章術」では、実際のビジネスの現場でChatGPTを使ってさまざまな文章を生成する方法を紹介します。

Chapter 5「ChatGPT × Excel活用術」では、ChatGPTとExcelを組み合わせた実践的なテクニックを紹介します。

Chapter 6「ChatGPTで英語を克服」では、英語の翻訳・要約や英文メール作成、さらに英語の学習に使う方法などを紹介します。

Chapter 7「プラグインや各種サービスでさらに便利に使う」では、有料プランで利用可能なプラグインやChatGPTから派生したサードパーティーによるサービスをいくつか紹介します。

最初から順を追って読めばChatGPTについてひと通り理解し、今日から仕事に生かすことができます。もちろん興味のあるところだけを拾い読みしてもかまいません。

読者のみなさんがChatGPT利用する際に本書を片手に置いて活用していただければ、そして本書がAI普及の一助になれば、執筆者一同うれしく思います。

2023年6月

著者を代表して

田口和裕

contents

Chapter 1

ChatGPTとは?

1 「ChatGPT」とは何か

「ChatGPT」とはいったい何でしょうか？ 人工知能？ 検索エンジン？ AIチャットボット？ どれも正解ですが説明としては不十分です。まずは基本的な情報を解説します。

2022年11月に公開された生まれたてのサービス

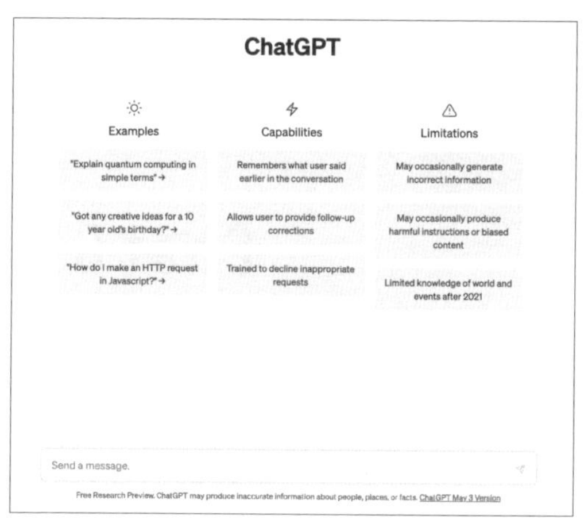

▲ ChatGPT の画面（https://chat.openai.com/）

ChatGPTは、米国の非営利法人「OpenAI」が2022年11月に公開した、AI（人工知能）技術を応用したチャットボットプログラムです。発表から5日後にユーザー数100万人を突破、その後わずか2カ月で月間1億ユーザーを達成し、史上最も急速に成長したWebサービスです。2023年1月にはMicrosoftからOpenAIに数十億ドルという巨額の出資を行うことが発表され、一躍世界中の注目を集めました。

■ ChatGPTが注目されている理由とは

なぜChatGPTはこのような注目を集めるようになったのでしょうか？

一言で言えば「かしこすぎた」からです。チャットボットとは、あたかも人間とチャット（会話）しているように動作するよう作られたコンピュータープログラムのことですが、正直これまでの製品はいかにもコンピューターの回答だなとわかるような未熟なものでした。

ところが、ChatGPTはまるで人間同士の会話のような自然な受け答えができるようになっていたのです。それだけではありません。**単に質問に対して回答するだけではなく、指示を与えることによってまるで人間が書いたようなクオリティーの文章を作成することができた**のです。

■ 世界の有志から次々と提案されたChatGPTの活用方法

「それだけで仕事に役立つの？」と思う読者もいるでしょう。実際、開発元のOpenAIはChatGPTを製品としてリリースしたわけではなく、単なる評価用のデモという位置付けでした。

ところが、いち早くChatGPTの凄さに注目した世界中のユーザーが熱心にその活用方法を探求した結果、開発元ですら予想できなかった能力が次々と引き出されていったのです。

これからChatGPTを活用したサービスや製品が多数出ることが見込まれます。例えばMicrosoftは同社のビジネス向け主力製品「Microsoft 365」にChatGPTを搭載した「Copilot」機能をリリース予定です。極めて近い将来、人々がその存在を意識することなくChatGPTを利用していくことになるでしょう。ChatGPTはこれまでのコンピューターの使い方をまったく違うものに変えてしまうようなポテンシャルを持っているのです。

2 ChatGPTでできることとは

前節の説明だけでは今ひとつ何ができるかピンとこないという方も多いでしょう。ここではまずChatGPTを使えばこんなすごいことができるという例を3つ紹介します。

検索よりも生成が得意な「生成AI」

ChatGPTは、質問の答えを出してくれることから、「何やらすごい検索エンジン」と思っている人は多いのではないでしょうか？　確かに従来の検索エンジンのような使い方も可能ですが、ChatGPTの真骨頂はテキストの生成にあります。「生成」とは既存のデータや知識を元に、新しいものを作り出すことです。

ChatGPTの生成能力は驚くほど優れており、検索エンジンのような調べ物はもちろん、本書でこれから順番に紹介していくような、さまざまなジャンルのテキストを生成することが可能です。また、本書の主旨からは離れてしまいますが、ラップや詩、小説などのクリエイティブな文章も生成する、幅広い能力を秘めています。

ここでは、本書で紹介するテキスト生成の例をかいつまんで紹介しましょう。

■ 冠婚葬祭から報告書までさまざまな公式文書を生成

ChatGPTはフォーマット通りに文章を書くことが得意です。Chapter

4-8では、一般的な結婚式の招待状を作成してもらいました。いくつか試してみるとわかりますが、フォーマットが多く存在する文書を作成するにはChatGPTは得意な分野だと言えます。つまり、冠婚葬祭や報告書などの公式文書、契約書、議事録、電子メール、プレスリリースなどのビジネス文書などは得意分野です。それに、ほとんど情報を与えなくてもとりあえず作成してくれるのもすごいところです。生成されたテキストをベースに必要な情報を加えたり訂正してもらってブラッシュアップしていけば、本来の仕事や書かなくてはいけない気の重い文書作成もあっという間に完成するはず。詳しくは、第4章でそのコツを紹介していきます。

結婚式の招待状を正式な形で作成します。式のスタイルについての表記は不要です。また両親と連名するものとします。

[名前]
[住所]
[市町村、郵便番号]

[日付]

親愛なる[ゲストの名前]様

私たちは、[日付]に[場所]で行われる私たちの結婚式において、[ゲストの名前]様とご一緒にお祝いいただきたく存じます。この特別な日には、お世話になった方々と共に幸せなひとときを過ごすことができればと考えております。

式典は[時刻]に始まりますので、[時刻]までにお越しください。お祝いの気持ちを分かち合い、私たちの新たな人生のスタートを共に祝っていただければ幸いです。

お忙しい中、誠に恐れ入りますが、[回答期限]までにご出席の可否をご連絡いただけますようお願い申し上げます。

どうかお返事をお待ちしております。

敬具

[両親の名前]

▲結婚式の招待状をさらっと生成する

■ コンピューターのプログラムやExcelの関数などを生成

ChatGPTは通常のテキストだけではなく、コンピューターで利用するプログラムを生成することも得意です。むしろ、プログラミングについてはJavaScript、PHP、Python、Ruby、Java、C、C++などのプログラム言語やSQLクエリなどを生成することができ、プログラマーや技術者がChatGPTを率先して使う理由にもなっています。

本書はビジネス分野の文書作成をメインに扱うため、第5章でExcelの数式（これもプログラムの一種）を生成を実践してみました。

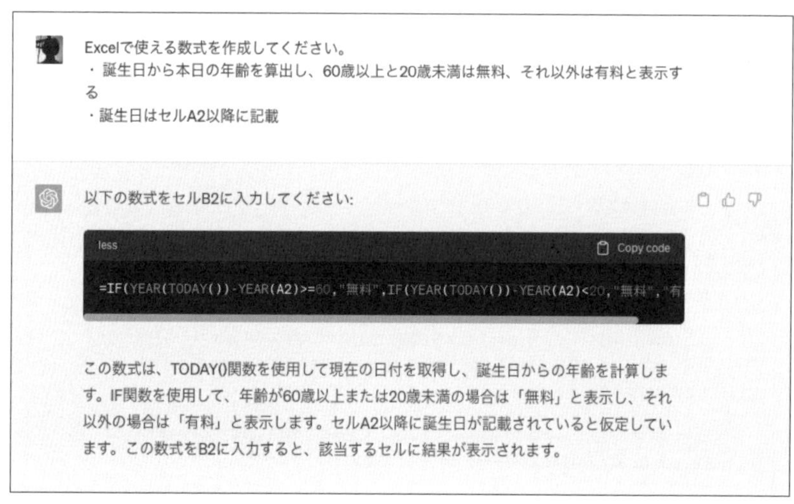

▲ Excelで使える数式を作成

ほかにも、Excel関数の使い方を調べたり、目的にあった関数を提案してもらう、VBAを使ったマクロのプログラミングを考えてもらうなどもできます。普段使っているExcel業務を効率化したり、一歩上の使い方をしたい人は必読の利用法です。

■ 英語をはじめとする翻訳での利用や言語学習に

ChatGPTは教育・学習分野でも利用できます。他言語に対応するChatGPTは、特に英語は得意なので、日本語への翻訳や要約はもちろん単語や文法を教えてもらったり、TOEICやTOEFL対策用の練習問題を作ってもらうことも可能なのです。音声の入力や読み上げ機能を使えば簡易的な英会話レッスンも可能になります。詳細は第6章で紹介していきます。

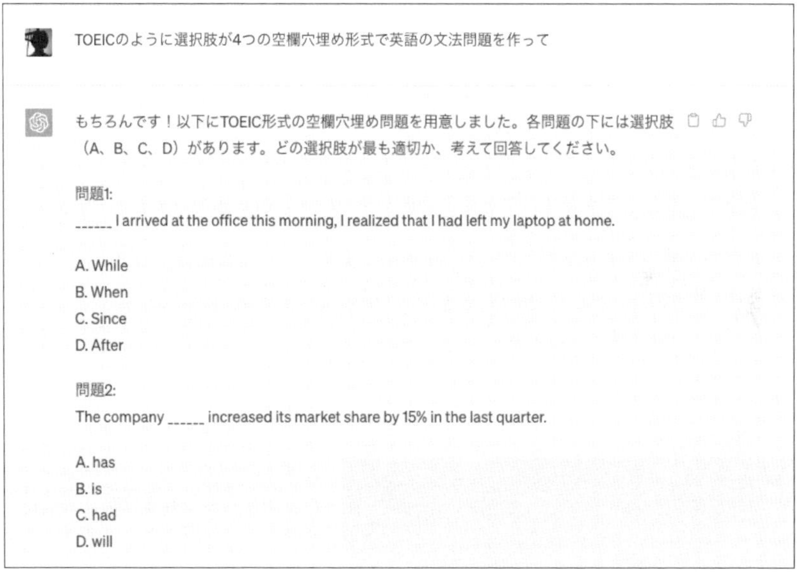

TOEICのように選択肢が4つの空欄穴埋め形式で英語の文法問題を作って

もちろんです！以下にTOEIC形式の空欄穴埋め問題を用意しました。各問題の下には選択肢（A、B、C、D）があります。どの選択肢が最も適切か、考えて回答してください。

問題1:
______ I arrived at the office this morning, I realized that I had left my laptop at home.

A. While
B. When
C. Since
D. After

問題2:
The company ______ increased its market share by 15% in the last quarter.

A. has
B. is
C. had
D. will

▲英語検定の練習問題を作成し、答え合わせも

3 ChatGPTを使ってみよう

ChatGPTで何ができるかわかったところで、次は実際に触ってみましょう。ChatGPTを利用するにはOpenAIのアカウントが必要になります。ここではアカウントの取得方法から説明します。

ChatGPTを使える環境を整えよう

ChatGPTを利用するためにはOpenAIのアカウントを取得する必要があります。取得には有効なメールアドレスとSMSを受け取れるスマートフォン（電話番号）が必要ですが、GoogleまたはMicrosoft、Appleのアカウントをすでに持っている場合はより簡単に取得できます。

■ OpenAIのアカウントを作成する

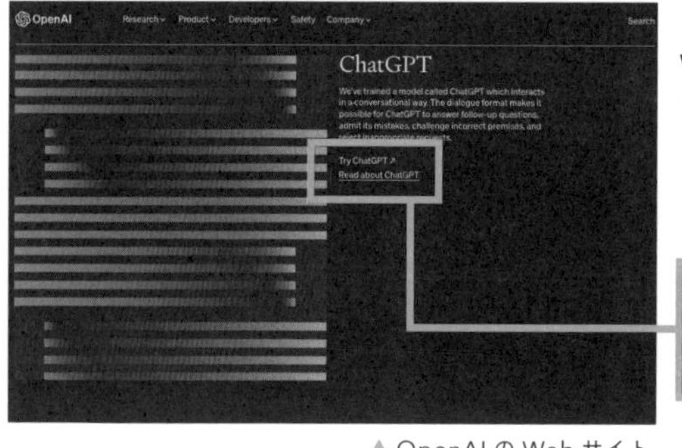

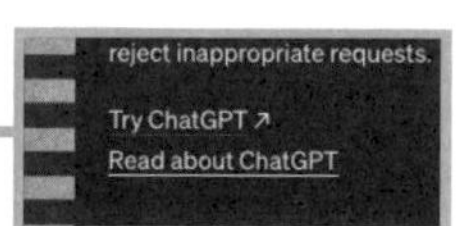

▲ OpenAIのWebサイト

まずはブラウザーでOpenAIのWebサイト（https://openai.com/）にアクセス。少し下にスクロールしたところにある［Try ChatGPT］のリンクをクリックします。

▲［Log in］［Sign up］画面

初回利用時はアカウントを作成する必要があるので［Sign up］をクリックします。

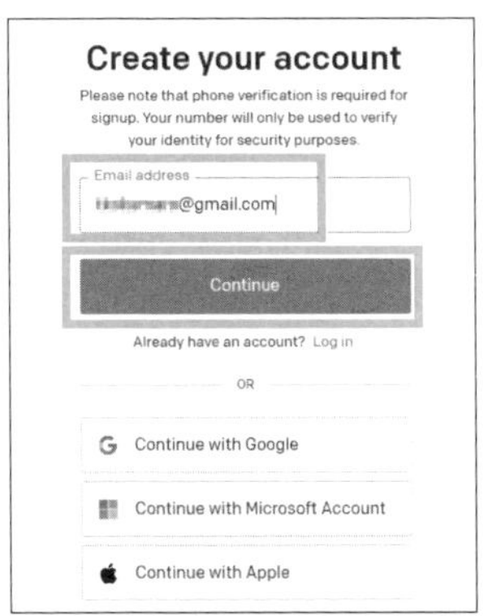

▲アカウント作成画面

メールアドレスを入力します。GoogleやMicrosoft、Appleのアカウントで登録する場合はそれぞれ該当のボタンをクリックします。

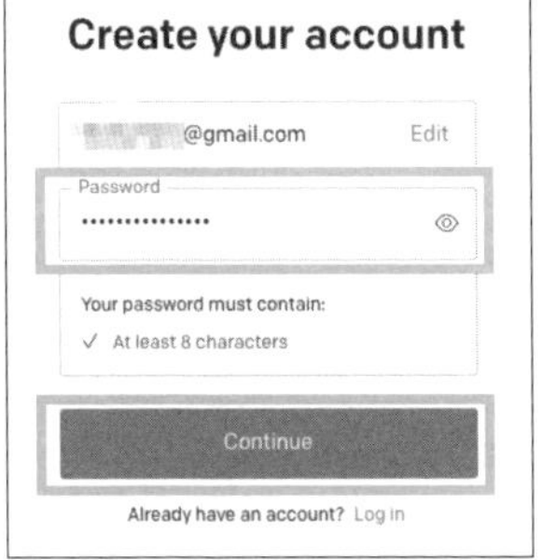

▲アカウント作成画面

英数字8文字以上のパスワードを考えて入力。［Continue］をクリックします。

ワンポイント!

ここではPCを使っての登録方法を紹介しますが、スマートフォンのブラウザーからでも同様の手順で登録できます。

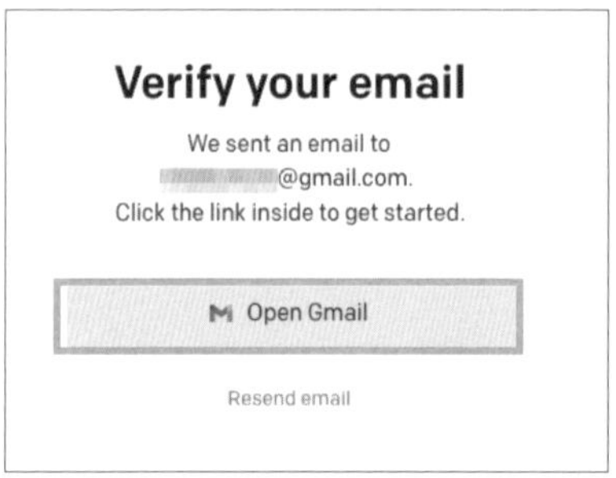

▲メールを確認

登録したメールアドレス宛に確認メールが届きます。［Open Gmail］をクリックしメールを確認します。Gmail以外のメールソフトを使っている場合は、そちらで確認します。もし届いていない場合は、その下の［Resend email（メールを再送する）］をクリックして再送しましょう。

▲ Gmail の画面

Gmail（または使用しているメールソフト）にOpenAIから「OpenAI - Verify your email」というタイトルのメールが届きます。メールを開いて［Verify email address］というボタンをクリックします。

▲セキュリティ認証画面

不正な登録を防ぐためのセキュリティ画面が表示されるので、チェックボックスをクリックしてチェックマークを入れます。

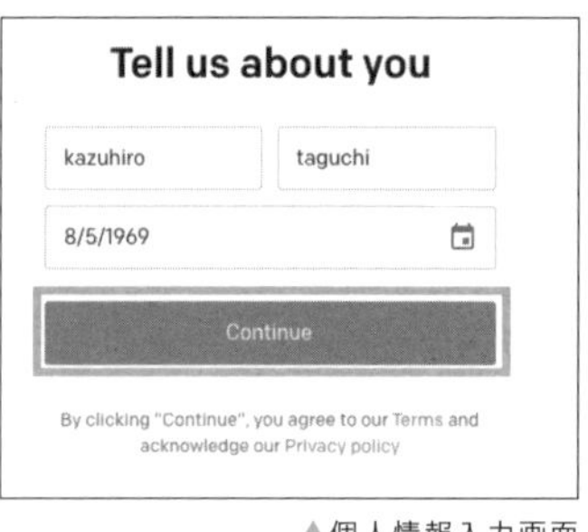

▲個人情報入力画面

氏名（アルファベット）と生年月日を入力して［Continue］をクリックします。

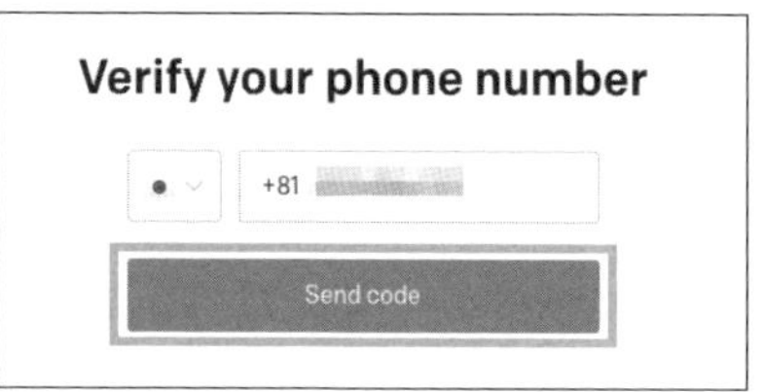

▲電話番号入力画面

SMSが受け取れる電話番号を入力して［Send code］をクリックします。

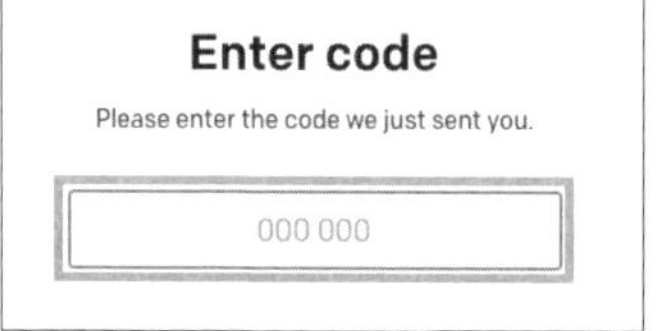

▲OpenAIからのショートメール（スマートフォン）

入力した電話番号宛に6桁の認証コードが書かれたショートメールが届くのでスマートフォンで確認します。

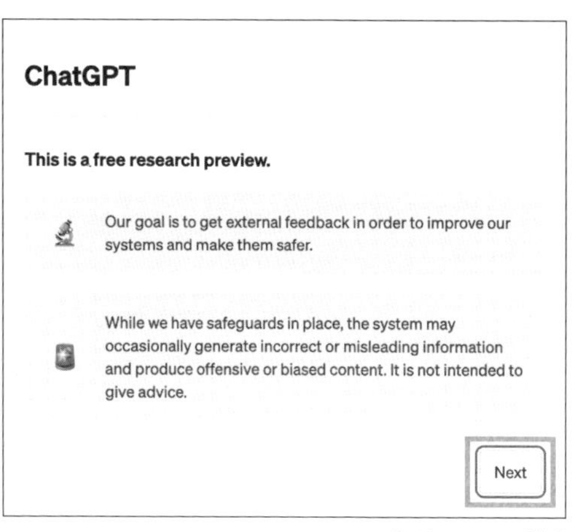

▲ChatGPTの説明

PCに戻り、届いた認証コードを入力します。

Enter code

Please enter the code we just sent you.

000 000

▲認証コード入力画面

使用にあたっての注意が書かれたダイアログボックスが表示されます。読んで［Next］をクリックします。ダイアログボックスはいくつか続くので、最後まで注意を読み、最後の画面で［Done］をクリックしましょう。

最初の質問をしてみよう

これで準備は完了しました。さっそくChatGPTに最初の質問をしてみましょう。

画面右下の［Send a message］と書かれた欄に質問を入力します。ここでは「こんにちは。自己紹介をお願いします」としましたが、もちろん別のことを入力してもかまいません。書き終わったら入力欄の右側にある［紙飛行機］ボタンをクリックしてみましょう。

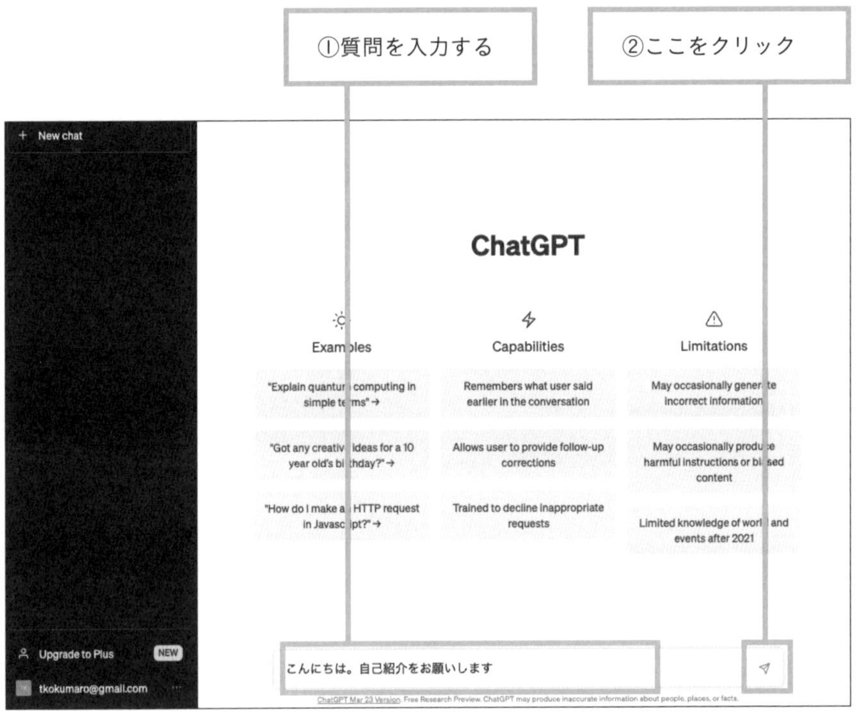

▲ChatGPTの画面

無事回答が表示されました。まずは自由にいろいろなことを質問してみましょう。

TK こんにちは。自己紹介をお願いします

こんにちは！私はChatGPTと呼ばれる人工知能アシスタントです。OpenAIが開発したGPT-3.5アーキテクチャに基づく大規模な言語モデルを使用しています。私は、自然言語処理に特化したAIで、様々なトピックについての質問や会話にお答えすることができます。何か質問があれば、遠慮なくお聞きください！

▲ ChatGPTの回答

ワンポイント!

19ページのChatGPTにサインインした直後に表記される注意書きにはいろいろと英語で書いてありました。主に、「ChatGPTは外部からのフィードバックを得るためのフリーリサーチプレビューです（公式なサービスではありません、という説明）」「間違った回答、攻撃的だったりバイアスのかかった回答をすることがあります」「入力した内容はAIのトレーニングに使われる可能性があるので、個人情報や機密情報は入力しないでください」「ChatGPTの回答がどうだったかフィードバックをください」といったことが書かれています。本章でもこれらのポイントは追って解説します。

スマホ版アプリも使ってみよう

2023年5月、これまではブラウザーでしか利用できなかったChatGPTのスマートフォン用アプリ（現時点ではiOSのみ）が日本でもリリースされました。

▲「App Store」に表示されている「ChatGPT」

▲ iOS版ChatGPTのダウンロード
https://apps.apple.com/jp/app/chatgpt/id6448311069

使い方はブラウザー版とほとんど変わりません。ブラウザーアプリ同様に表示は英語ですが、もちろん日本語の入力にも対応しています。さらに、オープンソースの音声認識システム「Whisper」により、音声でプロンプトを入力することも可能になっています。

長い文章をフリック入力するのは大変なので、スマートフォンアプリでは音声入力のほうが向いているかもしれません。

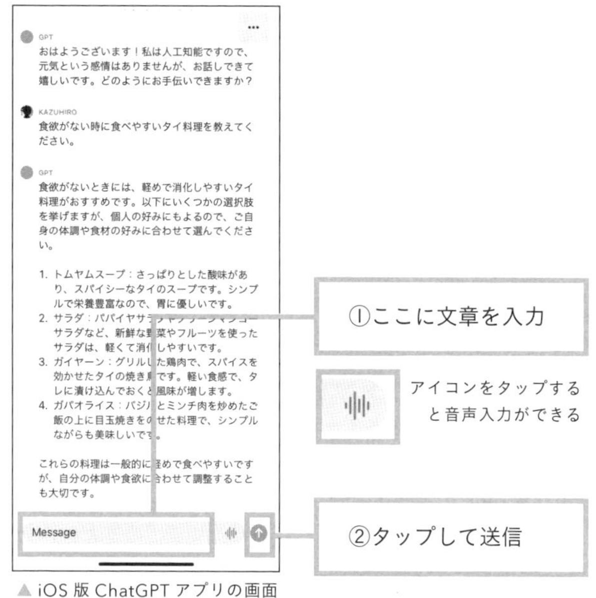

▲ iOS版ChatGPTアプリの画面

ワンポイント!

注意すべきなのは、App StoreやPlayストアには「ChatGPT」「GPT」「AI」などの語句が入ったまぎらわしいアプリが下図のように多数登録されていることです。ChatGPTの正規アプリはデベロッパーが「OpenAI」のものだけなので、ダウンロードする前によく確認しましょう。

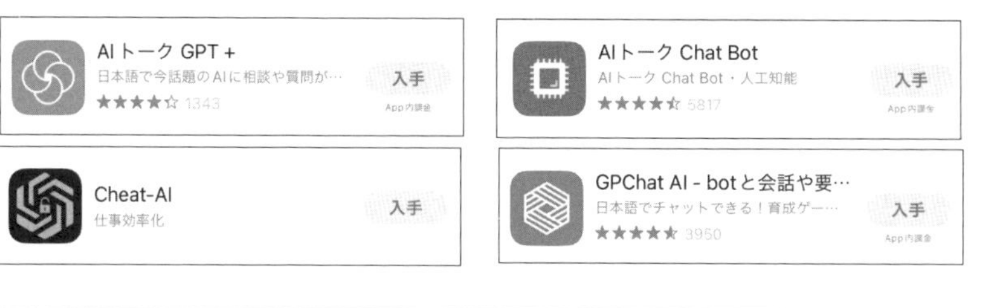

4 有料サブスクリプションのChatGPT Plusとは

本書執筆時点では基本的に無料で利用できるChatGPTですが、「ChatGPT Plus」と呼ばれる有料プランも用意されています。ここでは有料プランに登録するメリットを解説します。

ChatGPT Plusのメリット

機能	無料版	ChatGPT Plus
月額料金	なし	20ドル
サーバー応答	混雑時は応答しないことがある	混雑時も優先利用可能
応答速度	通常応答	高速応答
機能追加	通常順位	新機能への優先アクセス

▲無料版と「ChatGPT Plus」の機能比較（2023年6月現在）

「ChatGPT Plus」はChatGPTの有料プランです。月額20ドル（約2,700円）支払うことで次のような優遇を受けることができます。仕事でChatGPTをバリバリ使おうと思っている人は検討してみましょう。

GPT-4の利用

ChatGPTはOpenAIが開発した大規模言語モデル「GPT-3.5」というプログラムを使って動いています。「ChatGPT Plus」では、「GPT-3.5」に加えて最新の「GPT-4」を利用することができます。

次項で詳しく説明しますが、「GPT-4」の性能は「GPT-3.5」を大きく上回っています。これだけでも「ChatGPT Plus」を使う意味があります。

優先アクセス

ChatGPTは利用者の急増により、アクセス制限がかかってしまうケースがありましたが、「ChatGPT Plus」には優先的なアクセスが提供されているため、アクセスが集中する時間でもスムーズに利用ができます。また、反応速度も無料版のChatGPTに比べて速いです。

新機能の優先アクセス

「GPT-4」もですが、「ChatGPT Plus」の加入者は、新しい機能やアップデートなどに優先的にアクセスすることができます。

■ 最新機能「プラグイン」と「Webブラウジング」

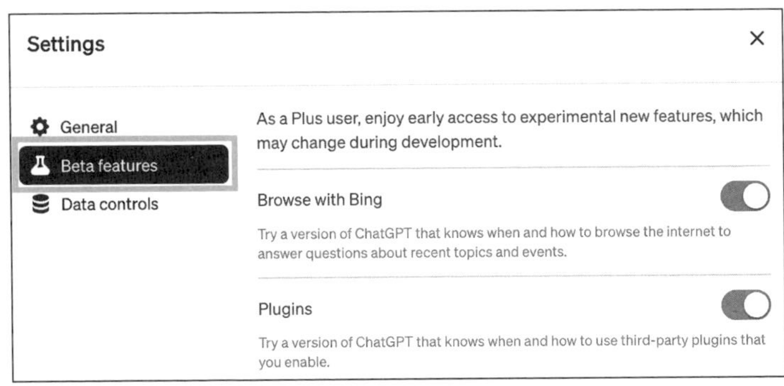

▲設定画面の［Beta features］パネルからアクセスできる

新機能の優先アクセスの例として、最近公開された2つの新機能を紹介します。どちらもChatGPTの欠点を大きく補うものです。

Webブラウジング（Browse with Bing）

ChatGPTの知識は2021年までに制限されているので、それ以降の具体的なイベントや新しい製品、技術、流行などについては回答できませんが、「Webブラウジング」機能を使えば、最新の知識をインターネット上から取得し、回答できるようになります。

プラグイン（Plugins）

プラグインはサードパーティーが提供するChatGPT用のアプリケーション群です。これらを利用することでChatGPTの機能を拡張できます。例えば株価や最新ニュースなどを取得したり、料理の注文や航空券の予約などがChatGPTからできるようになるのです。

2023年6月13日現在、**500個以上のプラグインが登録されており、すべて無料で利用できます**。さらに今後も多くのプラグインが追加されることが予想されます。

ワンポイント!

「GPT-4」と「Webブラウジング」機能を使ってみたいだけであれば、MicrosoftのAI検索エンジン「新しいBing」という選択肢もあります。詳しくは40ページ「OpenAIのサイト以外で使うには」で解説します。

COLUMN

なぜChatGPTは無料なのか？

OpenAIは設立以来、「人工知能の利益を最大限に多くの人々に広める」ことを使命として掲げています。その一環として、彼らの研究成果を積極的に公開し、幅広いユーザーや研究者がアクセスできるようになることを重視しています。

ChatGPTは当初は研究モデルの一部として開発されましたが、モデルの性能と安全性を評価し、継続的に改善するためには広範囲からのフィードバックが不可欠でした。そのため、OpenAIは一般にこのモデルを公開に踏み切りました。その結果、今私たちはChatGPTをいつでも利用できるようになり、そして、多くの人々がAIの潜在力と可能性を認識することとなりました。

無料公開にはビジネス戦略上の理由も存在します。最初に製品を無料で公開することで、大規模なユーザーベースを獲得し、その後に高度な機能やプレミアムサービスを有料で提供するという「フリーミアム」ビジネスモデルにあたります。すでに「ChatGPT Plus」のような有料サービスを提供し、その収益を無料のサービスを維持し、研究と開発をさらに進めるための財源として利用しています。

とはいえ、OpenAIはモデルの訓練に非常に大きな費用を投じており、現状の有料サービスでそのすべてがまかなえるとは考えづらいため、無料公開の主目的はフィードバックと利用データの収集ではないかと思われます。

5 GPT-3.5と GPT-4の違いとは

「ChatGPT Plus」では「GPT-4」が利用できます。無料版の「GPT-3.5」との違いは何でしょうか? また、そもそもGPTとは何を指すものなのでしょうか?

「GPT-○」はChatGPTの頭脳

「ChatGPT Plus」で出てきた「GPT-3.5」や「GPT-4」は、OpenAIが開発したChatGPTの頭脳とも言うべき「大規模言語モデル(LLM)」と呼ばれるプログラムのことであり、**人間が使用する言語を理解し、新たなテキストを生成できる人工知能の一種**です。

GPTは「Generative Pre-trained Transformer」の略です。「Generative」は「生成的」、「Pre-trained」は「事前学習済み」と訳されます。つまり**GPTは、「大量のテキストデータで事前に訓練された、新しい情報をイチから作り出す(生成的)ことのできるTransformerモデル」**といったところでしょうか。最後の「Transformer」は、Googleが2017年に開発した自然言語処理(NLP)タスクに広く使用されている深層学習モデルの名前です。技術的なことはともかく「GPT-○」は、ChatGPTの頭脳であり、数字が大きいほど新しくて高性能とだけ覚えておけばいいでしょう。

■ 「GPT-4」の性能は「GPT-3.5」を大きく上回る

2023年3月に発表された最新のGPTモデルである「GPT-4」は、前バージョンの「GPT-3.5」と比べ、精度、表現力、対応言語、コンテキスト理解力などにおいて上回っている一方で、複雑な処理を行う分文章の生成スピードは少し遅いです。

	論理的思考	スピード	簡潔さ
GPT-3.5	★★★	★★★★★	★★★
GPT-4	★★★★★	★★	★★★★

▲ GPT-3.5 と GPT-4 の性能

2023年6月現在、「GPT-4」は有料版の「ChatGPT Plus」で利用できるほか、Microsoftの検索エンジンであるBingにも導入されています。まだ利用はできませんが、テキストだけではなく画像を使った入力にも対応した「マルチモーダルモデル」となっています。

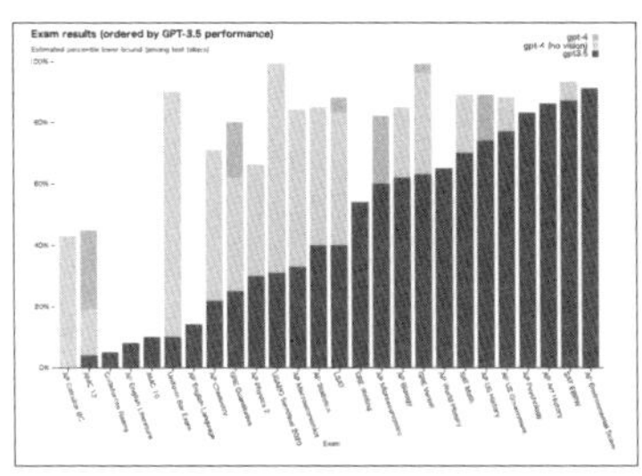

（出典：https://arxiv.org/abs/2303.08774）

▲「GPT-3.5」「GPT-4」性能比較

上図は、「SAT（大学受験のための統一試験）」や「LSAT（ロースクール入試）」など、米国で使用されている試験問題やベンチマークを「GPT-3.5」と「GPT-4」に解かせてみた結果です。ほとんどの試験で「GPT-4」の成績（グラフ内、薄い色の棒）のほうが大きく上回っています。「ChatGPT Plus」に登録していない場合や、登録していてもスピードを優先したい場合は「GPT-3.5」を、高度な創造力や推論能力などを利用したい場合は「GPT-4」というように目的に合わせて使い分けていくのがいいでしょう。

6 ChatGPTが人間のように答えを出せる仕組みとは

ここではChatGPTの仕組みについて解説します。とはいえ本格的に解説しようとするとコンピューターサイエンスの知識が必要になりますので、さわりの部分だけ紹介しましょう。

大量のデータで「事前学習」

ChatGPTの頭脳である「GPT-3.5」や「GPT-4」といった「大規模言語モデル（LLM）」は、人間が使用する言語を理解し、新たなテキストを生成することができる自然言語処理（NLP）という分野の人工知能です。

■ GPTの学習プロセス

GPTモデルは、インターネット上にあるブログ記事、書籍、Webサイトなど数え切れないほどの巨大な量のテキストデータを用いて「事前学習（Pre-training）」が行われています。これにより、文法や語彙、さまざまな情報（一般的な知識や文化的な事実）など、**人間が会話に使う要素を学びますが、これは「模倣」のようなもので、モデル自身が理解や意識を持つわけではありません**。

事前学習のステップが終わったら、人の手で作られた会話データによってモデルの微調整（ファインチューニング）を何度か行います。

以上のステップで学習をさせたChatGPTに、私たちが**質問や命令（以下、プロンプトと呼びます）を入力すると**、ChatGPTはそのプロンプトを基に、学習した知識を使って適切な回答を生成します。逆に言えば「学習していない」内容に関しては、不正確な回答をすることがあります。

■ 考えているのではなく「次に何が来るか」を予想している

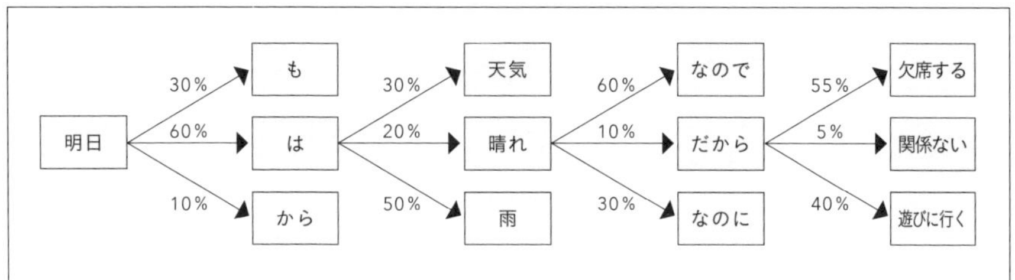

▲ある単語の次に出てくる単語を確率で予想

ChatGPTは「次に何が来るべきか」を予測することで文章を生成します。これは、人間が話をするときや物語を書くときに、「これまでに何が起きたか」に基づいて「次に何が起こるべきか」を予測するのと似ています。

例えば、「今日は朝6時に起きて」という文章があったとき、人間なら「家の周りを散歩した」などと続けるかもしれません。ChatGPTも同様の予測を行いますが、それは学習した大量のテキストデータに基づき「最も可能性のある文」を選択しているにすぎません。それゆえに予想外の答えを返すこともあるのです。

このように、ChatGPTは大量のテキストデータから学習し、人間の言葉を模倣することで、あなたの質問に答えたり、会話を進めたりすることができるのです。

7 OpenAIの成り立ちや将来目指すものとは

ChatGPTはOpenAIによって開発・運用されています。ここではOpenAIについて、どのような経緯で作られ、どのような理念を持っているかを解説します。

OpenAIの4つの理念

OpenAIは、2015年に設立された非営利の人工知能（AI）研究所です。設立者には、TeslaとSpaceXのCEOイーロン・マスク（2018年辞任）や、シードアクセラレーターであるYコンビネーターの共同設立者サム・アルトマンなど、シリコンバレーの大物がいます。**OpenAIの目的は、人工知能の恩恵を広く全人類にシェアすること**です。具体的には、次の4つの原則に基づいて行動しています。

1. 広範な影響力

OpenAIの使命は、AIの利益を全人類に広く分配することです。そのため、利益を追求するだけではなく他のプロジェクトと協力し、AIの安全性や公平性の観点から社会全体に貢献することを目指しています。

2. 長期的な安全性

OpenAIは、AIとその影響の未来について深く考えることにコミットしています。特に、OpenAIは高度なAI（人間の一般的な知能を超えるAI、AGI）の開発競争が、安全性を無視する形になった場合、競争ではなく協力を選び、他のプロジェクトを支援すると約束しています。

3. 技術リーダーシップ

OpenAIは、AI分野の政策と安全性についてリーダーシップを発揮することを目指します。そのために最先端のAI能力を持つことが不可欠と考えています。OpenAIはAIが社会に大きな影響を与える前提で、その影響を最大化するために必要なテクノロジーを開発します。

4. 協同主義

OpenAIは他の研究所や政策立案者と積極的に協力し、AIの影響を管理するグローバルな取り組みを支えることを目指しています。また、OpenAIは研究を広く公開し、知見を共有します。ただし、安全性とセキュリティ上の懸念により、この公開の度合いは将来的に制限されるかもしれません。

上記の原則は「OpenAI Charter（憲章）」と呼ばれ、Webサイトに公開されるものをChatGPTで翻訳しました（出典：https://openai.com/charter）。

■ Microsoftとの関係性

上記の原則からわかる通り、OpenAIはAIの研究成果を広く公開しAI技術の民主的な利用を推進することを目指していました。しかし、大規模なAIシステムの研究開発と維持には莫大なコストがかかるため、**2019年に営利法人「OpenAI LP」を設立、同年10月にはMicrosoftから10億ドルの出資を受けることに**なりました。

そして、2022年11月に「ChatGPT」を公開。翌年1月には再びMicrosoftから100億ドルの出資を受けます。さらにMicrosoftは株式の49%を取得し、OpenAIの技術を独占的にライセンスする権利を得ました。**人工知能の恩恵を広く全人類にシェアするというOpenAIの使命は変わっていませんが、当初のようにすべての研究成果をオープンソースとして公開するという形ではなくなってきている**ようです。

8 ChatGPTが得意なこと、苦手なことを知っておこう

驚くほど人間らしい回答を生成するChatGPTですが、人間と同様に得意なことと苦手なことがあります。最大限の力を引き出すためにどちらもしっかり把握しておきましょう。

大量の知識を武器に多様な才能を発揮、しかし欠けている情報や苦手な分野も

■ ChatGPTの得意なこと

自然な会話を生成できる

ChatGPTは大量のテキストデータでトレーニングされたことにより、あたかも本物の人間であるかのような対話ができます。単に質問に答えるだけではなく、**ユーザーが提供するプロンプトに基づいて特定のトピックについて議論を進めたり、物語や詩を創造することも可能**です。

大量の知識・情報を持っている

ChatGPTは**大量の学習データから科学、数学、歴史、文学、技術などあらゆる分野についての知識・情報を提供する**ことができます。AIは情報を瞬時に処理できるため、大量データを分析することも得意です。

多くの言語に対応している

ChatGPTは英語以外にも多くの言語を理解し、それらの言語で対話す

ることができます。フランス語、スペイン語、ドイツ語、日本語などはかなり流暢に話すことができる印象ですが、データの少ない言語はあまり得意ではないようです。

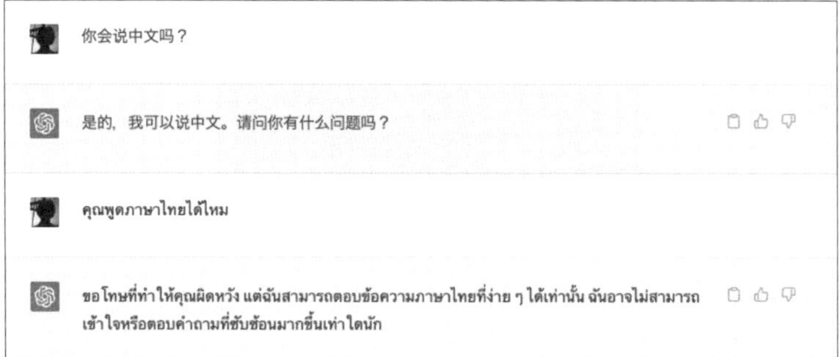

▲中国語が話せるか、タイ語が話せるか？

上図で、中国語とタイ語で「あなたは○○語を話せますか？」と聞いています。中国語は「はい、話せます」と答えましたが、タイ語は「ごめんなさい、簡単なタイ語のメッセージしか答えることができません」と自信なさそうでした。

プログラミングも得意

ChatGPTはプログラミングの教科書やチュートリアル、フォーラムの投稿なども学習に使用しており、そのなかにはプログラム言語のソースコードも含まれているため、**ChatGPTはプログラミングについての知識も豊富に持っています。**

Python、JavaScript、Java、C++、C#、Rubyといった現在よく使われているメジャーな言語はもちろん、PrologやLISPといった特殊な言語も扱うことができます。例えば、ブラウザー上で動くストップウォッチを表示するプログラムをJavaScriptで書いてもらい、そのソースをHTMLファイルとして保存し、ブラウザーで開くと問題なく機能しました。

▲ JavaScript のコード作成を依頼

24時間利用可能

AIは人間と違い休憩や睡眠の必要がありません。そのため、**ChatGPTは24時間いつでも利用できます**。また、同じことを何度やらせても人間のように機嫌を悪くしたりしません。「ブルシット・ジョブ」と呼ばれるような無意味で不必要な仕事も文句ひとつ言わずこなしてくれるのです。

■ ChatGPTの苦手なこと

新しい情報の取得

AIは事前学習したデータに基づいて応答しますが、そのデータに含まれていない情報や新しい情報については理解できません。2023年6月現在の ChatGPT の**知識は2021年までに制限されているので、それ以降の具体的なイベントや新しい製品、技術、流行などについては回答できません**。

ただし、有料版「ChatGPT Plus」に登録すればWebブラウジング機能を使って最新の情報を探してもらうことが可能になります。

感情や意図の理解、主観的意見

AIは皮肉や自虐といった人間独特の感情表現、非言語的なヒントや暗黙のルールに基づくコミュニケーションなどを理解できないことがあります。また、**情報に基づいて結論を導き出すことはできますが、美的価値や倫理的問題といった主観的な判断を必要とする問いは苦手**です。

個人的なアドバイス

ChatGPTはプライバシーを保護するため個人情報を収集・保持しません。そのため、**特定の個人に対し個別のアドバイスや意思決定のサポートを提供することは苦手**です。基礎知識はともかく、医療、法律、金融など、命や財産に関わる重要な相談は、AIでなく専門家に相談するべきです。

深い理解と複雑な推論

ChatGPTは大量のテキストデータからパターンを学習しますが、人間のように**深い理解や複雑な推論をする能力はありません**。

また、**未来予測は苦手**です。具体的な予測や確率を求められても、その情報は仮説にとどまり、信頼性は低いです。

間違った情報、有害・バイアスのかかった回答を生成することがある

ChatGPTの回答は常に正しいとは限りません。**トレーニングデータに含まれる誤情報やバイアスがそのまま反映されることがあります**。また、データやユーザーの意図を誤解する可能性もあります。ChatGPTが不適切な内容を生成した場合は、このような理由によるものです。

日本語はまだ苦手

ChatGPT、特にGPT-4を利用したモデルは英語以外にもさまざまな言語を理解することができます。日本語も以前よりはかなり得意になりましたが、まだまだ**学習量が英語よりも少ないため、英語で質問したほうがよりよい回答を得られる可能性は高い**です。ただし、この問題は学習量に比例するので、今後急速に解決されるのではないかと予想されています。

9 ChatGPTをビジネスで使う際の注意点を押さえよう

ChatGPTを今すぐにでも仕事に使ってみたいと思う人は多いでしょう。しかし、趣味で使うのとは異なりビジネスで使用する際は、いくつかの注意点があります。

リスクを把握し社内利用のガイドライン作成が前提

ChatGPTをビジネスで利用する場合、下記のようなリスクが存在することを意識する必要があります。また、企業として利用する場合は、これらを踏まえたうえで社内利用におけるガイドラインなどを作成し、関わる人すべてに周知するべきでしょう。

■ プライバシーと機密性

ChatGPTは、そのまま使うと会話の内容を保存しChatGPTのトレーニ

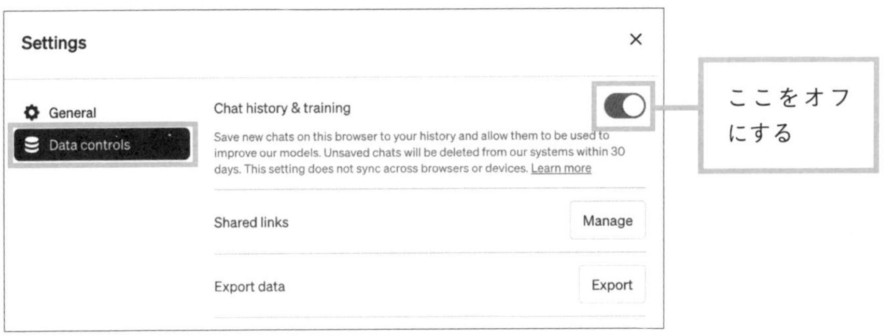

▲［Chat history & training］の設定

ングに使用される可能性があります。プロンプトに機密情報や個人情報を入力した場合、それが第三者に公開されるリスクはゼロではありません。

左の設定画面で**「Chat history & training」をオフにすると、使用したプロンプトはその場限りで保存されない設定になります。ビジネスで利用する場合は最低限ここだけは設定しておきましょう**。

■ 正確さと信頼性

ChatGPTの情報は常に100%正確であるとは限らず、時には**「ハルシネーション（幻覚）」と呼ばれる嘘をつく**こともあります。重要なビジネス上の決定をする際には人間の判断が必要です。

■ 著作権違反

ChatGPTでテキスト生成された文章は基本的にオリジナルですが、場合によっては既存のサイトや著作物と内容が酷似する場合があるので、必ず類似の著作物がないかを確認しましょう。あまりに類似性が高い場合は、**著作権の侵害や無断利用とみなされるリスク**があります。

■ 規制と法律

ビジネスを運営している地域の法律や規制に従う必要があります。**関連する法規制や業界標準、既存の社内規定を確認しましょう**。これには、データ保護、プライバシー、個人情報の使用などが含まれます。

■ 未知のリスクの顕在化

AI技術は急速に進化しています。新しい機能やアップデートが定期的にリリースされるため、最新の情報をチェックすることが重要です。

また、すでに顕在化しているリスク以外にも、今後、何らかの危険な要素が発見されたり利用制限がかかったりすることは十分に考えられます。

10 OpenAIのサイト以外で使うには

ChatGPTはこれまで紹介したOpenAIのサイトからだけではなく、ほかのサービスから使うことも可能です。現在最も有名なのはMicrosoftの「新しいBing」です。

ほかにもChatGPTを使えるサービスがある

■ MicrosoftのBingを使う

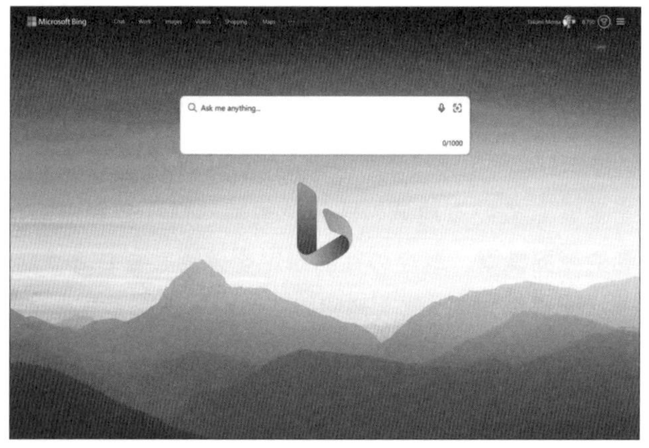

▲ Microsoftの「新しいBing」

MicrosoftはChatGPTを開発するOpenAIに巨額の投資を行う一方で、OpenAIの技術を同社の製品群に搭載していく戦略を取っています。

その代表的なものが同社の検索エンジン「Bing」です。「Bing」は2023年2月にChatGPTの技術を活用した「新しいBing」の提供を開始しました。当初はベータテスター向けへのテスト配信でしたが、現在はMicrosoftアカウントを取得すれば誰でも無料で利用できます。

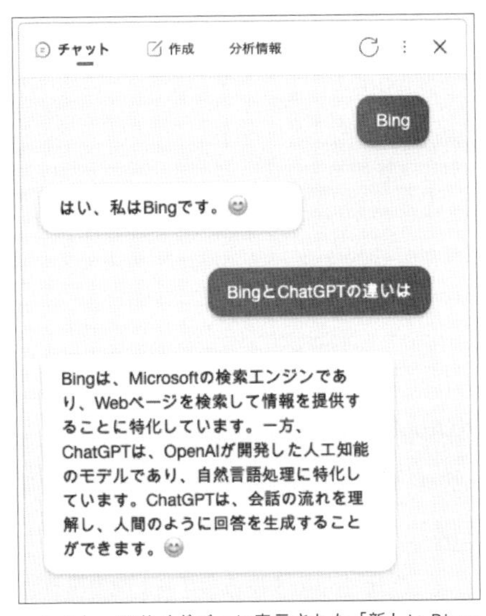

▲ Edgeのサイドバーに表示された「新しいBing」

「新しいBing」には、ChatGPT同様に同社の最新大規模言語モデル「GPT-4」が利用されています。また、ChatGPTにはできないWebサイトから最新の情報を検索する機能（Webブラウジング）も備えています。

現在**「GPT-4」と「Webブラウジング」機能（Browse with Bing、詳細は第7章参照）は有料版「ChatGPT Plus」でしか利用できませんが、「新しいBing」を使えばどちらの機能も無料で利用できる**のです。

ただし「新しいBing」はあくまで検索エンジンです。ChatGPTのような自然言語による会話は可能ですが、検索以外の質問をする場合は少し工夫する必要があります。

■ ChatGPTのAPIを使ったサービス

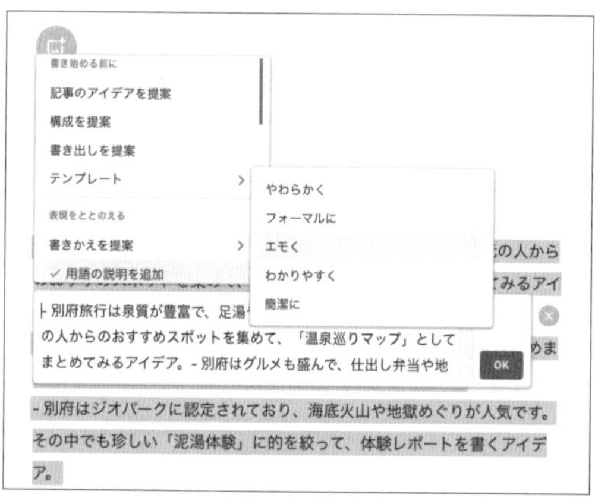

▲「note」の「note AIアシスタント(β)」

ChatGPTにはAPI(Application Programming Interface)と呼ばれる、ほかのプログラムやWebサイトがChatGPTとやりとりをするためのインターフェイスを有料で提供しています。

APIを利用することでサードパーティーはChatGPTの機能を自社のサービスに取り入れることができるのです。

ChatGPT APIを利用したサービスは日本を含む世界中で爆発的に増加しており、今後もさらに増え続けるでしょう。そのいくつかは7章で紹介します。

Chapter 2

基本のプロンプト

1 ChatGPTの基本的な操作方法を知る

第２章ではChatGPTを利用する際に一番重要となる「プロンプト」について解説していきますが、その前にChatGPTをうまく使う際に必要となる基本的な知識と操作方法について説明します。

基本的な機能を知っておこう

■ [Regenerate response]で別の回答を出力

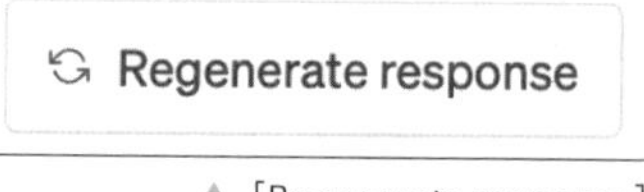

▲［Regenerate response］

ChatGPTは同じ質問をしても毎回微妙に異なる回答を生成するという特徴があります。期待していたのと違う回答が表示されたり、別の回答を見てみたい場合は［Regenerate response］をクリックしましょう。すぐに新しい回答を生成してくれます。

また、ネットワークなどのエラーが発生して途中で回答が止まってしまった場合などにも、［Regenerate response］を利用できます。

▲左上に「< 2 / 2 」の表示

▲「1 / 2」に切り替えると回答も切り替わる

［Regenerate response］を使って複数の回答を生成すると、回答の左側に「＜ 2 ／ 2 」といった数字が表示されます。これは「2個目の回答」であることを意味しています。「＜」または「＞」をクリックすることで複数の回答を見比べることができます。

また、これを応用して複数の回答からチャットの内容を途中で分岐させることもできます。

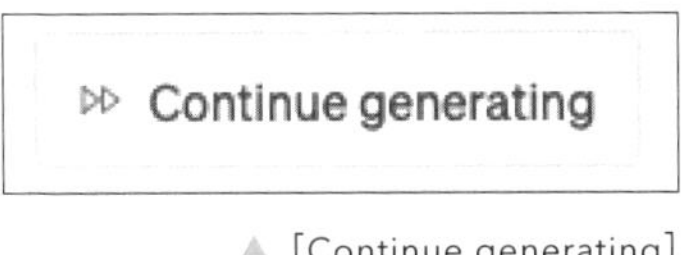

▲［Continue generating］

文字数制限などにより回答が途中で止まってしまった場合、［Continue generating］をクリックすることで回答の生成が再開されます。

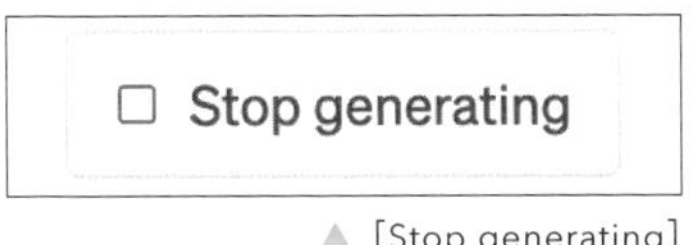

▲［Stop generating］

回答が生成されている間に［Stop generating］をクリックすると生成をストップすることができます。明らかに間違っていたり、意図と違う回答が生成されている場合などに使います。

■ 別の話題に移るときは[New chat]

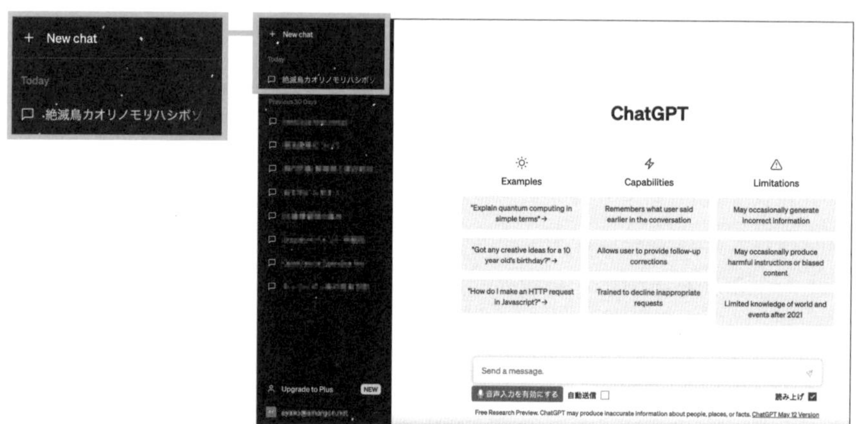

▲ [New chat]

一連のチャットは自動的にタイトルが付けられ、左側のサイドバーに表示されます。チャットの内容はすべて記憶されているので、後からチャットを読み返したり、続きからチャットを再開することもできます（Chapter 1-9で「Chat history & training」をオフにした場合は履歴は残りません）。

また、ChatGPT はそのチャット内で質問した内容を記憶し、その文脈に沿って回答を生成する傾向があるので、別の質問や話題に移りたい場合は［New chat］をクリックすることで、まっさらな状態でチャットを始めることができます。

逆に、過去に質問したことと類似したことを聞きたい場合は新規ではなく、そのときのチャットの続きから聞いたほうがよい反応を得られます。

■ サイドバーのその他の機能

サイドバーには［New chat］以外にもチャットの履歴を管理するいくつかの機能が用意されています。

▲サイドバーに表示されるボタン

❶クリックするとサイドバーを隠すことができます。

❷の「鉛筆」アイコンは、クリックするとチャットのタイトルを変更できます。

❸の「上向き矢印の付いた箱」アイコンは、クリックすると［Share Link］を作成します。［Share Link］とは、一連のチャットの内容が表示されたページのリンク（URL）です。会話の内容をほかの人にも見てもらいたいときなどに便利です。

❹の「ゴミ箱」アイコンは、クリックするとそのチャットの履歴を削除します。

ワンポイント!

スマホ版のChatGPTはPC版とUIが異なりますが、右上の［…］をタップすることでPC版と同様の機能にアクセスすることができます。

2 Settings(設定)画面の機能を理解する

左側のサイドバーには前ページで紹介したチャットの履歴以外にもいくつか項目が用意されています。なかでもSetting(設定)画面では、画面の色やアカウントの詳細などを設定することができます。

設定を変更するには

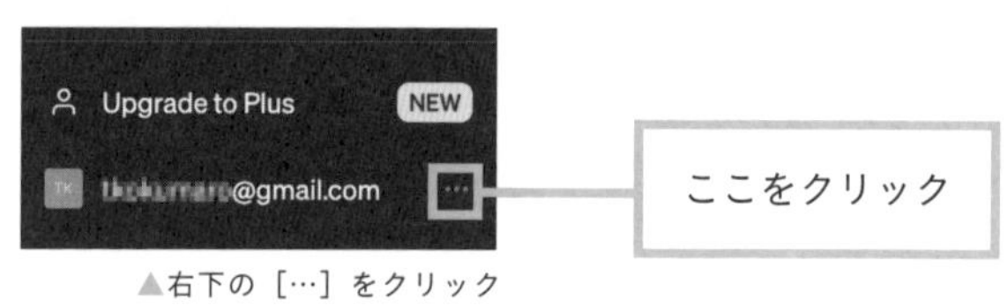

▲右下の[…]をクリック

サイドバー左下のアカウント名(メールアドレス)の右にある[…]をクリックすることでメニューが開きます。

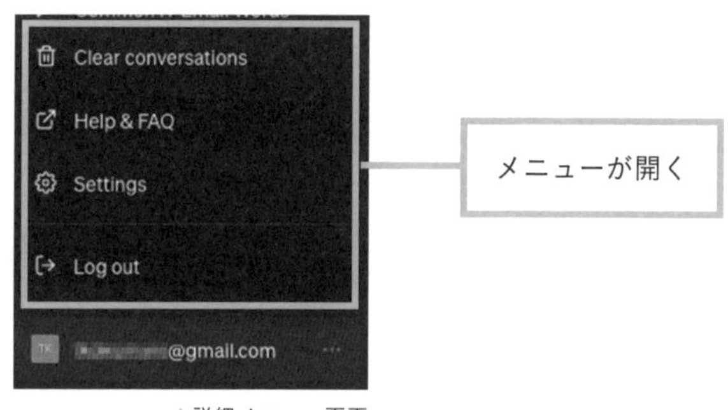

▲詳細メニュー画面

アカウント名の上に4つの機能が表示されます。

機能名	概要
Clear conversations	これまでの会話履歴がすべて消去されます（確認メッセージが出ます）
Help&FAQ	ヘルプ画面が表示されます
Settings	設定画面が開きます
Log out	現在ログインしているアカウントからログアウトします。ログアウトしても会話履歴は残ります

▲詳細メニューの内容

■ 設定項目を確認する

［Settings］をクリックして設定画面を開くと以下の項目が表示されます。

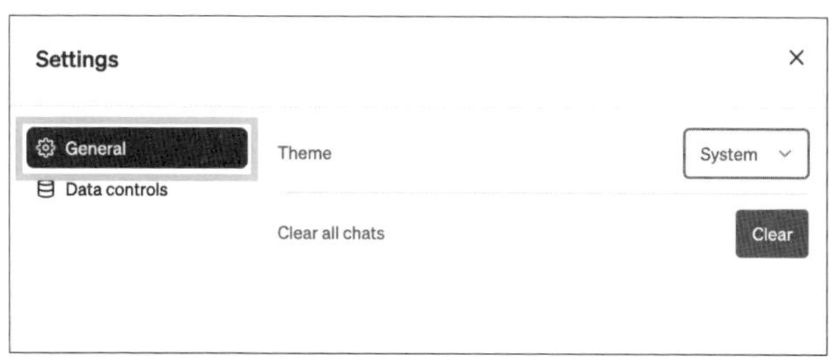

▲設定画面（General）

機能名	概要
Theme	画面の配色を変更できます。「System（デフォルト）」、「Dark（暗め）」、「Light（明るめ）」から選ぶことができます
Clear all chats	これまでの会話履歴がすべて消去されます（確認なしで消去されるので注意）

▲［General］で設定できる内容

画面左側にある［Data controls］をタップすると以下の項目が表示さ

れます。

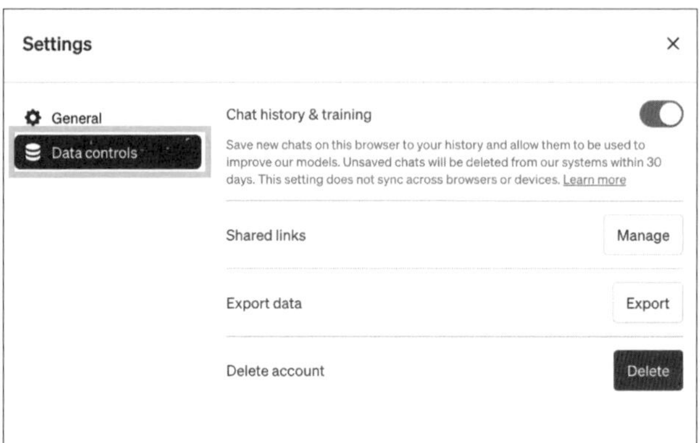

▲設定画面（Data controls）

機能名	概要
Chat history & training	会話の内容を保存してChatGPTの訓練に使うことを許可します。プライバシーに関わる事柄や社外秘を入力する可能性がある場合は必ずチェックをはずしておきましょう（Chapter 1-9参照）
Shared links	クリックするとシェアしたチャット履歴のリンク一覧が表示されます。チャット履歴のシェアについては47ページを参照してください
Export data	会話の内容をテキストデータとして取得できます。データはメールで送られてきます
Delete account	アカウントおよびすべての会話データを削除します。一度削除すると同じメールアドレスで新たにアカウントを作れなくなるので注意しましょう

▲［Data controls］で設定できる内容

ワンポイント!

有料版「ChatGPT Plus」に登録した場合、設定項目がこれよりも増えます。

COLUMN

プロンプトにルールや作法はあるの?

ChatGPTは自然言語を理解するAIなので、指示を与える「プロンプト」は普段の言葉遣いでかまいません。ただし、より効果的な対話を実現するためのルールや作法もいくつか存在します。

- 矛盾や文法的な間違いを避けましょう。ChatGPTはコンテキストを理解する能力がありますが、矛盾や間違いがあると混乱する可能性があります。
- 簡潔かつ明確な表現を心がけましょう。シンプルで明快な指示はより正確な回答を得る助けになります。
- プロンプトのカスタマイズにも積極的に取り組みましょう。本書で紹介されているプロンプトを使用して慣れてきたら、自分のニーズに合わせて独自のプロンプトを作成してみるといいでしょう。
- さらに、インターネット上には効果的なプロンプトを紹介するサイトや記事がたくさんあります。これらの情報を参考にしながら、よりよいプロンプトを作成する手がかりとしましょう。

ChatGPTに直接フィードバックを求めることも有益です。例えば、「どうすればもっと効果的な指示ができるのか？」「このプロンプトのどこが悪かったのか？」といった質問をChatGPTに投げかけることで、性能を向上させるための指針を得ることができます。

3 プロンプトの基礎を知る

プロンプトとはChatGPTにやってもらいたいことを指示する命令文のことです。ChatGPTは人間が使うのと同じ自然言語が使えることが最大の特徴です。

ChatGPTへ質問をするときの基本

■ そもそもプロンプトとは何だろう？

プロンプトとはChatGPTから何らかの回答を得るために入力する文章のことです。

TK 日本で二番目に高い山はどこ？

▲プロンプトの例

例えば**「日本で二番目に高い山はどこ？」「猫の赤ちゃんに名前を付けたいので案を出してください」といった、「知りたいこと」や「してほしいこと」を文章で書いたものがプロンプト**になります。

これまで、コンピュータープログラムに何かをやらせたい場合は、基本的にプログラム言語によって指示する必要がありました。しかし、ChatGPTは自然言語処理と呼ばれる、人間が使う言語をそのまま理解することができるので、**プログラムとは思わずに「相手は人と同じ」と思っ**

て「人が読んでも理解しやすい形」の質問をすればいいのです。

さらに、「簡潔に書く」「論理的な内容にする」「可読性を上げる」といったことを心がければ期待の答えに近づくでしょう。

■ プロンプトの種類

プロンプトは基本となる「質問」系以外にもいくつか考えられます。ここではほかにどのような種類のプロンプトがあるかをざっと見ておきましょう。それぞれの詳細については後述します。

①質問：一番ベーシックなプロンプトです。問いに対する答えを求めます。

例「スペイン語を公用語にしている国を教えて」

②指示：ChatGPTに何か仕事をしてもらいたいときに使うプロンプトです。

例「上記の文章を日本語に翻訳して」

「以下の文章の雰囲気をもっとやさしくしてください」

③設定・コンテキスト：ChatGPTがうまく答えられるように、キャラクターを設定したりコンテキスト（文脈）を与えるプロンプトです。

例「あなたはセキュリティの専門家です」

「これは〇〇社内だけの独自ルールです」

④生成する話題の設定：特定のトピックに関する情報や意見を生成させるものです。ディスカッションやディベートのような意見や情報が求められるときに使用します。

例「テレワークの利点と欠点について論じてください」

4 物事を解説してもらう「○○について小学生でもわかるように説明して」

ここからは誰でもすぐに使える基本のプロンプトテクニックをいくつか紹介していきます。まずは質問文に指示を追加するテクニックです。

質問に指示をプラスする一言「小学生でもわかる」

まずは基本の質問系です。「○○について教えて」と質問してみましょう。

プロンプト入力例

NFTについて教えて

応答例

NFT（Non-Fungible Token）は、「非代替性トークン」とも呼ばれ、ブロックチェーン技術を用いてデジタルアセットを表現するための規格です。NFTは、他のトークンとは異なり、個別で一意な特性や所有権を持つことができます。

（以下略）

間違ってはいないのかもしれませんが、少しわかりにくいですね。そこでプロンプトに「小学生でもわかるように」という指示を追加してみます。

プロンプト入力例

NFTについて小学生でもわかるように教えて

応答例

NFT（Non-Fungible Token）は、デジタルアセット（デジタルなもの）を特別な方法で表現するものです。デジタルアセットとは、デジタルアートや音楽、ビデオ、ゲームアイテムなどのデジタルなもののことです。
NFTは、そのデジタルアセットが特別で、他のものとは違うことを表しています。例えば、デジタルアートの場合、NFTがついていると、そのアートはほかの人が同じようなものを作ることはできないんです。
（以下略）

どうでしょう。かなりわかりやすくなったのではないでしょうか。

ワンポイント!

質問に追加で指示をプラスすることで、「どのように」「誰に向けて」「どんなトーンで」といったことを指定することができます。

5 仕事をするための下準備を考えてもらう「〇〇をタスク化して」

「タスク化」とは、大きな目標や課題を小さなタスクやステップに分割することです。タスク化すると目標を達成するための具体的な行動や手順を明確にできます。

質問に指示をプラスする一言「タスク化」

何かを習得・実行したいときに漠然と「〇〇を習得する方法は？」と聞くのではなく、「〇〇を習得する方法をタスク化して」と質問することで、習得に必要なことを細かい目標に分割して表示してくれます。

プロンプト入力例

プログラム初心者がPythonを習得する方法をタスク化して

応答例

プログラム初心者がPythonを習得するためのタスク化した手順を以下に示します。

1. 基礎知識の学習：
   - ・Pythonの基本的な構文やデータ型、制御構造などの基礎知識を学ぶ。

・オンラインのPythonチュートリアルや教材を利用する。

2. 環境のセットアップ:

・Pythonの開発環境をインストールし、セットアップする。

・AnacondaやJupyter Notebookなどの人気のあるツールを試してみる。

3. コーディングの練習:

・簡単なプログラムや演習問題を解くことから始める。

・オンラインのプログラミングプラットフォームやコーディングチャレンジサイトを利用する。

4. プロジェクトの作成:(中略)

5. ライブラリとフレームワークの学習:(中略)

6. コミュニティへの参加:

(中略)

…

以上がPythonを習得するための一般的な手順ですが、個人の学習スタイルや目標によって調整することも大切です。

このように、タスク化することによって、まずは「基礎知識の学習」を行ってから「環境のセットアップ」「コーディングの練習」と一歩ずつ進んでいく道筋をつかむことができます。

このようにChatGPTは何かを習得・実行するための方法を知る際にも便利に使うことができます。

ワンポイント!

タスク化してもらったら次は「Pythonの基礎知識を学ぶには?」など、個々のタスクについても細かく質問していきましょう。

6 進捗をサポートする「○～○までにXXを完成するスケジュールを提示して」

前節で使ったプロンプトがあれば、やるべきタスクをはっきりさせることができるとわかりました。今度はChatGPTにそのタスクを実行するスケジュールを立ててもらいましょう。

細かいスケジュールを立ててもらう

タスクを実行するにあたってのスケジュールを立ててもらいましょう。**ポイントは開始日時と終了日時を明記すること**です。

プロンプト入力例

今（朝9時）から夜までに原稿を書き終えたいです。この間のスケジュールを提示して

応答例

以下は、朝9時から夜までのスケジュールを30分刻みで提示した簡潔な例です。

9：00 - 9：30：アウトライン作成と参考資料確認
9：30 - 11：30：セクション1から4の執筆

11：30 - 12：00：休憩

12：00 - 13：00：セクション5と6の執筆

13：00 - 14：00：昼食休憩

14：00 - 15：30：セクション7から9の執筆

15：30 - 16：00：休憩

16：00 - 17：30：セクション10の執筆

17：30 - 18：00：結論部の執筆

18：00 - 19：00：校正と修正

このスケジュールはあくまで目安であり、個人の作業ペースや原稿の内容によって調整が必要です。時間に余裕を持たせるため、休憩や校正にも十分な時間を取ることが重要です。

このように30分刻みのスケジュールを作成してくれました。これをたたき台に**「1時間刻みで作り直して」「休憩をもっと入れて」「セクション数を10から5つにして」といった感じで質問を重ねてスケジュールを確定しましょう**。

ワンポイント!

ChatGPTが一度で完璧な答えを出してくることはあまりありません。最初の回答はあくまでたたき台であり、「追加・削除してほしい要素」や「新たな条件」などを入力し、対話を重ねていくことによって、より洗練された回答が生成されるようになるのです。これが「対話型AI」と言われているゆえんです。

7 資料を読む時間も省略できる「以下の文章を要約して」

長い文章の大事なところだけを抜き出してまとめる「要約」作業はChatGPTが得意とするところです。仕事効率化にダイレクトに役立つこのテクニックはぜひ覚えておきましょう。

長い文章を要約してもらおう

長い文章を要約したり字数制限に合わせる執筆では、どこを削るか悩むことが多いでしょう。ChatGPTを使えば一瞬で済ませることができます。**ただし、プロンプトに入力できる文字数には制限**（日本語で2,700文字前後、英語で5,000字前後）があります。

プロンプト入力例

以下の文章を要約して
「国民年金保険料の控除を受けるには？
●給与所得者の方
給与から天引きされた厚生年金保険料などの社会保険料については、事業所で一括して計算していますので、年末調整の際に、自分自身が申告書に記入する必要はありません。
ただし、追納などにより、年内（1月1日～12月31日）に、自分自身の国民年金保険料を納めた場合や、家族の国民年金保険料を納めた場合は、年末調整のときに、自分自身や家族あてに送付された「社会保険料（国民年金保険料）控除証明書」を添付して、申告する必要があります。（以下1,500字ほど略）」

（出典：政府広報オンライン https://www.gov-online.go.jp/useful/article/201112/1.html）

上記の2,000字ほどの文章をWebサイトからコピーしてChatGPTに要約を頼んでみたところ、一瞬で300文字程度に要約してくれました。

もし、300字でもまだ長いと思ったら追加で以下のように続けて入力します。

プロンプト入力例

もう少し短めに要約して

応答例

国民年金保険料の控除は、給与所得者は年末調整で自動計算されますが、自分や家族の保険料を納めた場合は申告が必要です。給与所得者以外は確定申告で申告します。国民年金は老後の生活や障害・遺族年金をサポートし、保険料は全額控除対象です。保険料の納付が重要で、困難な場合は減免制度が利用できます。年金事務所や市町村の窓口で相談が可能です。

なんと、160文字程度に縮まりました。

反対に、文章を「延ばす」のも得意です。「意味を変えずに文字量を調整する」という、これまでは熟練のライターでも頭を悩ませていた仕事がChatGPTを使えば一瞬で可能になるのです。

8 外国語を読むための「この文章を日本語に翻訳して」

翻訳もChatGPTの得意技です。これまでのAI翻訳アプリと違い、翻訳に加えて「要約して」といった指示を与えることもできます。これでもう、もう英語のメールやニュースも怖くありません。

ChatGPTは英語が大得意

ChatGPTはインターネット上にあるさまざまな言語で書かれたテキストデータを使ってトレーニングされていますが、なかでも一番多いのが英語のテキストです。ゆえにChatGPTは英語が大得意なのです。

プロンプト入力例

以下の文章を日本語に翻訳して
ChatGPT is an artificial intelligence chatbot developed by OpenAI and released in November 2022. The "Chat" in the name is a reference to it being a chatbot, and the "GPT" stands for generative pre-trained transformer—a type of large language model (LLM). ChatGPT is based upon OpenAI's GPT-3.5 and GPT-4 foundational GPT models, and has been fine-tuned (an approach to transfer learning) for conversational applications using both supervised and reinforcement learning techniques.

（出典：Wikipedia）

応答例

ChatGPTは、OpenAIによって開発され、2022年11月にリリースされた人工知能のチャットボットです。「Chat」という名前にはチャットボットであることを示す意味があり、「GPT」はgenerative pre-trained transformerの略で、大規模な言語モデル（LLM）の一種です。ChatGPTは、OpenAIのGPT-3.5とGPT-4の基本となるGPTモデルをベースにしており、教師あり学習と強化学習の両方を用いた転移学習の手法で、会話型アプリケーション向けにファインチューニングされています。

これだけならほかのAI翻訳アプリにもできますが、ChatGPTはここからさらに指示を加えることができるのです。

プロンプト入力例

短くわかりやすいように要約して

応答例

ChatGPTはOpenAIによって開発された人工知能のチャットボットで、2022年11月にリリースされました。ChatGPTは、大規模な言語モデルであるGPT-3.5とGPT-4を基にしており、教師あり学習と強化学習の手法を用いて会話アプリケーション向けに特化しています。

ほかにも文章のトーンを変えたり「○○という用語を使わないで」といった指示を与えることも可能です。

9 要件だけ伝えて文章を書いてもらう「箇条書きやリストを文章化して」

アイデアは思い付くけど文章にするのが大変というときは、箇条書きやリストだけ作って、後はChatGPTに文章にしてもらいましょう。

とりあえず箇条書きでもOK

会社で社員交流会を開催することになりました。必要事項を箇条書きで用意したらChatGPTに文章化してもらいます。

プロンプト入力例

以下の要件を入れた文章を作って

・社員交流会を開催します
・6月12日（月） 17時スタート
・場所 水道橋「鳥よし」
・希望者があれば2次会も
・友達を連れてくるのも歓迎
・参加希望者は○○○@gmail.comまで

応答例

6月12日（月）の17時から、水道橋の「鳥よし」で社員交流会を開催します。2次会も希望者がいれば行います。友達を連れてきても大丈夫です。参加希望者は○○○@gmail.comまでご連絡ください。

これだけでは単に必要事項をつなげただけですね。でもここからがChatGPTの本領発揮です。

プロンプト入力例

もっとわくわくするように文章を延ばしてください

応答例

お知らせです！
皆さん、社員交流会のお知らせです！
6月12日（月）の夕方、17時から、水道橋にある「鳥よし」という素敵なお店で、楽しい交流会を開催します！
この交流会では、みんなで仕事の話や趣味の話をしながら、リラックスした時間を過ごすことができます。
「鳥よし」は、美味しい料理と居心地の良い雰囲気が自慢のお店です。おいしい料理を楽しみながら、同僚や上司、そして他の部署の人たちと交流できる絶好の機会です！
さらに、交流会の後には、2次会も予定しています！もちろん、2次会に参加したい方はどなたでも大歓迎です！

また、この交流会は友達を連れてくることもできます。社内でのつながりを深めるだけでなく、新しい出会いも期待できるかもしれませんよ！
参加希望の方は、締め切りまでに○○○@gmail.comまでご連絡ください。みなさんと素敵なひと時を過ごせることを楽しみにしています！

かなり魅力的な文章ができたのではないでしょうか。

とはいえ、応答を100%信用してはいけません。公開するのは誤字やおかしな表現がないかを必ず確認してからにしましょう。例えば、この例では「！」が多く付いていますが、少し付けすぎかもしれません。誘われる人の目線に立って、細かいところを調整してみるのもいいでしょう。

ワンポイント!

いくらプロンプトを工夫してみても期待通りの文章が生成されないこともあるでしょう。そんなときは「下記の文章を手本にして○○を書いてください」のような感じでサンプル文章を提示するのも手です。
また、「○○○のような文章を作りたいのですがどのようなプロンプトが適当ですか？」というようにChatGPTにプロンプトの作成まで丸投げしてしまうこともできます。

Chapter 3

仕事に役立つ基本の使い方

1 自然言語で具体的な質問をする

第3章では、実際の仕事でChatGPTを使っていくにあたってのコツや注意点を解説していきます。まずは質問の仕方そのものにもコツがあることから解説していきます。

望む答えが出やすい質問の仕方とは

Yahoo!やGoogleなどの検索エンジンでは単語を複数並べて検索する人が多いでしょう。しかし**ChatGPTは対話型のAIなので、知りたいことについてキーワードではなく文章を使ったほうがよりよい結果を得られます**。もちろん、キーワードの羅列でも意を汲んでくれることが多いですが、それだけではどんな回答を期待しているのか意図を理解できないこともあるので、なるべく人間に質問するような文にしたほうがいいでしょう。

■ 具体的で明確な質問を心がける

ChatGPTは入力された文章に基づいて回答を生成するため、**質問（プロンプト）が明確で具体的であるほど、意図した回答を得ることができます**。

あまりよくないプロンプト入力例

いつも行っている居酒屋が休みだったので、1人で簡単に作れるおつまみのレシピを教えてレシピの提案に「いつも行っている居酒屋が休み」は必要ありません。「1人で簡単に作れる」は曖昧です。代わりに用意できる調理道具や調理時間など具体的な条件を与えると、望んだ回答を得られやすくなります。

よいプロンプト入力例

> 電子レンジを使って10分以内で作れるお酒に合うおつまみのレシピを教えて

このように具体的な単語やフレーズを使うことを心がけましょう。また、余分な情報や冗長な表現を入れすぎるとそちらに引っ張られてしまいがちなので、簡潔に、無駄な情報を含まないことも大切です。

■ 判断させるよりは、詳しい解説を求める

また、「Yes or No」といった二択にするのではなく、より具体的に知りたいことを書いたほうが詳しい回答を得られます。

あまりよくないプロンプト入力例

> 筋トレは健康に役立つ？

よいプロンプト入力例

> 筋トレをすることによる健康面でのメリットとデメリットを教えて

「役に立つ？」という質問ではメリットだけしか教えてくれないことがあります。メリットとデメリットを知りたい場合、具体的に書きましょう。

2 回答を鵜呑みにしない

「回答を鵜呑みにしない」。これはChatGPTを使うにあたって必ず意識してほしいことです。多くの場合すばらしい回答を生成しますが、かといって100%信用するのは禁物です。

まずは回答を疑ってみる

2023年4月、研究者らで作る人工知能学会は、ChatGPTなど大規模生成AIに関する声明文を発表しました。

声明では「将来において実現されるであろう高い自律性と汎用性を持つ、より完成された『人工的な知能』としてのAIに近づく大きな技術的進歩」と紹介しつつも「発展途上の技術であり、社会規範や倫理にそぐわないものを生成する可能性がある」とし、「出力したものを鵜呑みにするといった無条件な受け入れ方をせず、大規模生成モデルの簡単な仕組みや、その長所・短所を理解した上で利用することが大切」だと釘を刺しています。

（出典：「人工知能学会としての大規模生成モデルに対してのメッセージ」https://www.ai-gakkai.or.jp/ai-elsi/archives/info/人工知能学会としての大規模生成モデルに対して）

そもそも、ChatGPTのトップページには3つの「制限事項」が明記されています。

・誤った情報を生成することがある
・有害な指示や偏った内容のものを作成することがある
・2021年以降の世界や出来事に関する知識は持っていない

▲ ChatGPTの注意事項

これを読めばわかるようにChatGPTは生成される内容の正確性は一切保障していないどころか、有害な指示や偏った内容のものを作成することがあるとしています。なぜなら、ChatGPTはあくまで入力に対してもっともらしい出力を返すモデルであり、知識から論理的な回答をするモデルではないためです。

とはいえ「間違うことがあるからChatGPTは使えない」というのも極端な話です。実際、多くの質問に対してChatGPTは的確な回答をしてくれます。シチュエーションにもよりますが、「間違う可能性がある」ことを常に頭に置いて注意はしつつ、便利に使っていけばいいものと考えましょう。

ただし、当然ですが「絶対に間違ってはいけない」シチュエーションでは手作業による確認が必須になります。また、**害虫に噛まれたときの症状に対する医学的アドバイスなどは、ChatGPTではなく必ず医師に聞きましょう。**

3 文脈(コンテキスト)やシチュエーションを伝える

同じ質問でも文脈やシチュエーションが異なれば自ずと回答も変わってきます。ChatGPTも同じです。望んだ回答を得るためにはしっかりと前提条件を伝えることが大事です。

質問の意図を文脈で伝える

ChatGPTは、与えられた文脈(コンテキスト)を理解して回答を生成します。文脈とは会話や文章のなかでの情報や前提条件のことを指し、直前の発言や質問、話題の背景、会話の流れ、関連する情報など、さまざまなものから構成されます。

適切な回答を得るためには、適切な文脈を提供することが重要です。

あまりよくないプロンプト入力例

食欲がないようです。アドバイスはありますか？

応答例

食欲がない場合、以下の解決策を試してみることができます。

1. 軽い運動や散歩をしてみる：身体活動をすることで食欲が刺激される場合があります。

2. 健康的な食事を摂る：栄養バランスのとれた食事を心掛けましょう。食事の時間や食事の量に気を付けることも重要です。（以下略）

この聞き方では症状が漠然としすぎているので、当たり障りのない回答しか得られません。そこで「食欲がない」理由について思い当たることをプロンプトに追加してみます。

よいプロンプト入力例

昨日はお酒を飲みすぎて食欲がないようです。アドバイスはありますか？

応答例

飲みすぎによる食欲不振の場合、以下の解決策を試してみることができます。

1. 休息をとる：アルコールの影響を受けた身体を休めるために、充分な睡眠や休息を取りましょう。
2. 水分を補給する：アルコールは脱水症状を引き起こすことがありますので、こまめに水分を摂取し、身体を水分補給しましょう。（以下略）

「お酒を飲みすぎた」という文脈を追加することによって、より適切なアドバイスを生成することができました。同様に、「誰が」として「私の犬が」だったり、「毎日暑いせいか」などと文脈を追加することで、まったく異なる回答を得ることができます。このようにプロンプトには、適宜回答の手がかりとなるような情報を盛り込んであげるのがコツです。

4 回答させる前に役割やキャラクターを与える

前節と同様にChatGPTに質問の文脈を理解させる手法の1つですが「あなたは優秀なマーケターです」といった役割（ロール）を与えるのも有効です。

「あなたは○○です」と役割決めで理解力向上

ChatGPTに役割（ロール）を与えることでAIの文脈理解力が向上することがあります。例えば、楽曲を使用する際の著作権について調べたいとします。

あまりよくないプロンプト入力例

著作権について教えてください

応答例

著作権（ちょさくけん）は、著作物を創作した人に対して、その作品を制作・使用・配布する権利を与える法的な権利です。著作権は、創作した文学・芸術・音楽・映像などの表現形式に対して適用されます。
以下に著作権に関する基本的な要点を説明します：

1. 著作権の発生：著作権は、創作物が具体的な形で表現された瞬間に発生します。特に登録や通知などの手続きは必要ありません。ただし、一部の国では著作権の主張を強めるために登録を行うこともあります。（以下略）

間違いではありませんが少し物足りません。「弁護士」という役割（ロール）を与え、「音楽関連の」という限定条件も与えました。

よいプロンプト入力例

あなたは弁護士です。音楽関連の著作権について教えてください

応答例

著作権についてお伝えすることができます。著作権は、音楽作品や楽曲の作成者に与えられる法的な権利です。以下に著作権に関する基本的な情報を提供しますが、具体的な状況や法的な助言が必要な場合は、専門の法律相談機関や弁護士に相談することをおすすめします。

1. 著作権の発生：音楽作品が創作される瞬間に著作権が発生します。作曲や歌詞の創作、楽曲の録音、編曲など、音楽の創作プロセス全般が著作権の対象となります。

これで音楽関係に限定した著作権の話を続けることができるようになりました。ほかにも「有名なライター」「売れっ子マーケター」「人気YouTuber」「気象予報士」「自分のことが大好きな俳優」など、いろいろな役割、キャラクターを与えることができます。試してみましょう。

5 条件や制約を明示した上で回答を求める

ChatGPTから希望通りの回答を得るために、プロンプトにはできるだけ具体的な条件や制約を書くといいでしょう。その際、条件だけを分けて書くのも有効です。

条件は分けて書く

漠然とした質問の場合、ChatGPTは無難な回答しか返さない傾向があります。ですからプロンプトを書く際には、なるべく回答の範囲を絞れるよう前提条件や制約条件を指定するのはいいテクニックです。

ただし、**プロンプトが1つの文章でダラダラと長くなってしまうのはあまりよくありません。前提となる条件がある場合は、無理に1つの文章にするのではなく、分けて書くといいでしょう。**

あまりよくないプロンプト入力例

新しい趣味を始めたいので何か提案して

上記のように質問した場合、「料理、写真、ガーデニング、瞑想」をすすめられました。どれもしっくりこないものです。そこで、ここでは制約条件を加えてみます。

よいプロンプト入力例

新しい趣味を始めたいので何か提案して
■条件：
・50代男性です
・体を動かすのは好きではありません
・できればあまりお金のかからないものを
・自動車免許はあります
・各項目の説明文は必要ありません
・候補を10個出してください

応答例

以下は、50代男性が体を動かすことが好きではない、費用を抑えられる趣味の提案です。説明文は省略します。

1. パズル（クロスワードパズル、ジグソーパズルなど）
2. 音楽鑑賞（お気に入りのアーティストやジャンルの音楽を楽しむ）
3. ラジオコントロール（自動車や航空機のラジオコントロールモデルで遊ぶ）
4. 観察記録（鳥や昆虫などの生物を観察し、記録や写真をとる）
5. ドキュメンタリー鑑賞（興味のあるテーマのドキュメンタリーを見る）
6. 模型（自動車や航空機、戦車などの模型を組み立てる）
7. クッキング（特定の料理やお菓子のレシピに挑戦する）
8. 読書クラブ（興味のあるジャンルの本を読み、他の人と感想を共有する）
9. インテリアデザイン（自宅や部屋のインテリアを模様替えして楽しむ）
10. コンピュータプログラミング（オンラインのリソースを利用して学ぶ）

さきほどと比べて格段に希望にフィットした回答が生成されました。

6 回答の形式や特性を指定する

「箇条書きで」「表形式で」といったように回答の方式を具体的に指定することもできます。また、「対話形式で」「CSV形式で」といった指定も可能です。

回答方式は具体的に指定したほうがよい

ChatGPTは、自然言語で回答を生成しますが、こちらから**回答の形式を具体的に指定しておくと、ChatGPTも迷わずよい回答を生成する傾向がある**ので、どんどん指定していきましょう。

プロンプト入力例

「複式簿記のメリット」を箇条書きで「3つ」にまとめて教えて

応答例

複式簿記のメリットを以下の3つのポイントでまとめることができます：

1. 詳細な財務情報の提供：複式簿記は、個別の取引ごとに詳細な情報を提供します。それぞれの取引は借方と貸方の両方に記録され、資産、負債、収益、費用などの異なる勘定科目に分類されます。これにより、会社の財務状況や業績をより正確かつ詳細に把握することができます。

2. 財務分析と意思決定のサポート：複式簿記は、財務分析や意思決定に必要な情報を提供します。複数の勘定科目や取引の関係性を分析することで、会社の収益性、財務安定性、キャッシュフローなどを把握することができます。これにより、経営者や投資家は適切な意思決定を行うための情報を得ることができます。
3. 内部統制の確立：複式簿記は内部統制の確立に役立ちます。取引の正確な記録と監査トレイルの…（以下略）

指定通り「箇条書き」かつ「3つ」にまとめて回答してもらえました。ほかにも、こんな指定の方法も考えられます。

プロンプト入力例

「インフレの仕組み」について先生と生徒の対話形式で教えて

応答例

生徒：先生、インフレって何ですか？ どんな仕組みで起こるんですか？
先生：インフレとは、物価が持続的に上昇することを指します。一般的に、経済全体で需要が供給を…（以下略）

これ以外にも、**表形式、マークダウン、CSV、HTML、Python（プログラム言語）などChatGPTはさまざまな形式で回答を生成してくれます**。いろいろ試してみましょう。

7 生成したテキストの後処理を行わせる

ChatGPTはイチからテキストを作成するだけではなく、すでにあるテキストを、プロンプトに使って後から修正したり加工したりすることも得意です。

書いた文章のチェックや修正

■ 文章を構成する

作成した文章が正しく読みやすく書かれているかどうかチェックしたいときもChatGPTを使ってみましょう。

プロンプト入力例

次の文章を校正してください

最も基本的なプロンプトです。明らかな誤字・脱字や文法ミスなどは概ねこれで修正されますが、以前からある日本語専用の校正ツールと比較するとまだ少し見劣りを感じます。

これは「検索」と同様に、ChatGPTが確かな「知識」を持っているわけではなく「もっともらしい解」を出すことを優先しているからです。とはいえ、個人のブログ記事などであればまったく問題はありません。

文章を加工する

それよりも現状のChatGPTが得意なのは文字量の調整や文体の変更といった文章の加工です。

プロンプト入力例

以下の文章を内容は変えずにもっと短くしてください
先週末、親戚一同が祖父の家で喜寿を祝いました。祖父の健康ぶりに驚きつつ、彼がもうすぐ80歳になる事実に感慨深い思いがありました。彼の元気な姿を見て、私たちは心から安心しました。

ここでは回答は省きます。長くすることもできます(Chapter 2-7を参照)。

プロンプト入力例

次の文章を内容は変えずに2倍の文字数にしてください

文字数だけではなく、文体を変更することも可能です。

プロンプト入力例

次の文章を新聞記事のように書き直してください

応答例

祖父の喜寿を祝う親戚一同が、先週末に祖父の家で賑やかに行われました。祖父の健康な様子には皆驚きつつも、彼がまもなく80歳を迎えるという現実に感慨深い思いが広がりました。彼の躍動する姿を目にし、私たちは心から安堵しました。この特別な日は、家族の絆を再確認する貴重な機会となり、深い感動と共に素晴らしい思い出が刻まれました。

このようにChatGPTは工夫次第で簡単に必要となるテキストを生成してくれます。これまで悩まされてきた「書きたくない書類を書く」「気が乗らないメールを書く」などといったいわゆる「ブルシット・ジョブ」の多くはAIに駆逐されていくことになるでしょう。

ワンポイント!

最初から完全な文章をChatGPTに出してもらおうと望ます、まずは大まかなアイデアを元にベースとなる初期ドラフトを作成し、その後に具体的な要素を加えたり、文法の修正やより適切な単語の選択を行うなどの後処理を前提としたアプローチは、ChatGPTをより自分の求める方向で活用したい際、おすすめです。
この方法は、あなたとChatGPTの間の対話のようなもので、何度も繰り返すことで文章の品質を改善することができます。

Chapter 4

ChatGPT文章術

1 ChatGPTでビジネス文書を作成するための心構えを確認する

この章ではChatGPTを、無茶ぶりにも耐えるロボットとして使いながら、ビジネス文書作成を効率化する方法を考えていきます。使い方次第で「かなり使える」あなたの相棒になることでしょう。

ChatGPTの文章とビジネスの相性がよい理由

ChatGPTが文章の作成、文章の推敲・添削について優れていることは3章ですでに触れました。さまざまな文書のなかでも、ChatGPTを使うことで制作を効率化できるのが、ビジネス文書です。それは、ビジネス文書の特徴として以下の2点があるからです。

まずは、「てにをは」「トーン&マナー（トンマナ）」などのそれなりに面倒な不文律なお約束が存在していること。そして、そのためお手本となるようなサンプルがネット上にたくさん存在していること、この2点です。つまり、現在ある一定のルールがあり、かつ学習データが多いものほどChatGPTが得意な分野であり、その特性にぴったりマッチしているのがビジネス文書なわけです。そして、お約束がある文書は慣れていないとそれなりに面倒くさいものであるというのも、ChatGPTを使う大きな動機となることは言うまでもありませんね。

■ ChatGPTで文書作成する際に大事なこと

まずコンテキストを含めて依頼することです。例えば、人格設定、職業的な説明、年齢、性別などは初期設定として入れておきましょう。また、期限や予算、達成目標などのビジネス要件があれば、これも含めましょう。例えば、ビジネス上の予算設定をChatGPTに伝えると精度が上がることもあります。

そして初期設定と同じぐらいに大事なのが、出力形式を指示することです。指示がないとChatGPTは好き放題にテキストを吐き出しますので、無駄な手間が増えてしまいます。文章の長さを字数で指示したり、使用する先に合わせて表形式やデータ形式を指示することで、さらに快適にChatGPTを使うことができます。

■ 文書作成だけではないChatGPTの活用

また、ChatGPTは文書を作成するだけではなく、文書を整えることもできます。文書の添削や「てにをは」「トンマナ」の調整、長い文書の要約、特定文字列の入れ替えなど、人が普段からやっている推敲や調整も一度ChatGPTを通してあげることで、その後の作業が格段に楽になることがあります。

■ ChatGPTからよりよい回答を引き出すコツ

- 些細な相談から内容をつめていく
- アウトプットの仕様を検討する
- 出力されたテキストを生かし最終的には自分で調整する
- 毎回新しいチャットを開くより、同じチャットスレッドを使い続けることで精度を上げていくこともできる

出力された文書をそのまま鵜呑みにせず、大事にしなくてはいけないポイントをつかんで、さらに文書作成の速さと精度の高さを身につけることを、常に頭のどこかに置いておくことも重要になってくるでしょう。

2 初めて送る相手への ビジネスメールを 作成する

ビジネス文書の基本ともいえるのがメール。要点がまとまって、読んだ相手に何をしてほしいのかが明確になっているメールは、当然返信も早くなります。

開封してもらえるメールを作ってもらおう

電子メールがビジネスで使われるようになって、だいぶ時間が経ちましたが、仕事用のメールを送るときには、それなりの丁寧さが必要になります。相手がいつもメールをやりとりしている人であれば、なんとなく書いた内容でも、相手が汲み取ってくれるでしょう。しかし、初めてメールを送る、しかも相手が目上の人の場合、どうやって書き出せばいいのか、どうメールを終わればいいのかと半日も悩んでしまうことはあるのではないでしょうか。

こんなときこそ、ChatGPTにアドバイスをもらうタイミングです。

プロンプト入力例

ビジネスメール作成
・送付先は目上の取引先
・初めてメールするので挨拶は丁寧に
・最後に早めに返信がほしいことを加えてください

メール内容
・自社の案内
・質問事項
また、この内容に適した件名も考えてください

ちょっとざっくりしたプロンプトだと思ったでしょうか。でも、これぐらいのプロンプトでも十分です。入れ替え可能な文字列については、【相手方のお名前】や○○について、というような感じでダミーにした状態で文例を出してくれるので、あとはその部分を埋めていくだけです。

これはゼロからメールの文章を考えるよりは何倍も楽です。もちろん、時として少し過剰な表現になってしまったりすることもありますが、そこは適宜修正していけばいいだけのことです。

応答例

件名：ご挨拶と重要な質問事項について
拝啓、○○様
お世話になっております。私たちの会社、○○株式会社から、新しいサービスと質問事項についてご案内いたします。
まずは、当社の新しいサービスについてご紹介させていただきます。○○株式会社は、長年にわたり○○業界で活動してきた信頼と実績のある企業です。（以下略…）

そして、完成したメールに少し不安があるようであれば、完成したメールをChatGPTにコピペして、このメールを添削してください、とさらにアドバイスをもらえば、安心です。

メールは基本的に特定の誰かに送付するもの。そのため、プロンプトも相手によって変えるほうがよい結果が得られます。

3 気が重い 報告書、始末書を 作成する

ビジネス文書のなかでも手間と出来栄えのバランスが大事なのが報告書や始末書の類です。ただ、書類はさっと済ませて、メインの業務にこそ時間を使いたいと考えている人も多いでしょう。

報告書、始末書の体裁を決めて依頼する

報告書、始末書にフォーマットがあれば、そのフォーマットにコピペできる形式を指定しましょう。

プロンプト入力例

報告書を作成してください。形式はWordで使えるもので、A4サイズ1枚で1,000文字でお願いします

以上を送信すると、ダミーの報告書が作成されてきます。特にその形式で問題ないようなら、そのまま中身を指定していきましょう。

プロンプト入力例

この形式で、6月末の日付で、以下の内容で中身が入った形で引き続き報告書を作成してください

- 件名：販売計画について
- 概要：今期の見通し
- 説明：今期未達について

応答例

（前略）本報告書は、販売計画についての報告書である。今期の見通しについて報告するものである。

説明：当社の販売計画について報告する。現在のところ、当初の予定に対して販売目標を未達としている。理由としては、以下のようなものがある。

・市場の需要変化：当初の予想とは異なり、市場の需要変化が起こったため、販売数が伸びなかった。

・競合他社の出現：競合他社の新製品の発表があり、当社の製品の販売に影響を与えた。

・広告宣伝効果の低下：広告宣伝の効果が当初の予想よりも低かったため、販売数が伸び悩んだ。

以上のような理由から、当社の販売計画は今期の見通しを未達してしまった。

（以下略）

ワンポイント!

報告書に記載できるデータがある場合は、そのデータを使って表組みを出力するのも、報告書の見栄えの向上としてはいいプロンプトとなるでしょう。また、後で数字を入れることを想定してダミーデータで表組みを事前に作っておくのもいいでしょう。

4 ビジネス上の謝罪などこれ以上失敗が許されない文書を作成する

ビジネス関連の文書のなかでも、最も作成に苦労するのが謝罪に関するものでしょう。でも、こういうときこそ、へこたれずに何度も文書の精査に付き合ってくれるChatGPTに頼ってみましょう。

謝罪の心得をお互いに確認するところから

誰でも気の進まない謝罪文の作成。そもそも謝罪になっている状況がまずいのに、謝罪の仕方を失敗すれば、火に油を注ぐことになります。普段の文書よりも何倍も気を遣いますし、内容確認にも注意が必要です。自分1人では作成できないと思ったときも、ChatGPTにチェックをお願いすれば体裁も整いやすいですし、完成までの時短につながります。

まずは謝罪文の心得から聞いてみましょう。

プロンプト入力例

上司から客先に謝罪文を出すように指示されました。ビジネスでの謝罪文に必要なことを大事な順番で3つほど教えてください

応答例

ビジネスでの謝罪文に必要なことを3つご紹介します。

1. 謝罪の表明
まず、謝罪の表明をすることが大切です。具体的には、「大変申し訳ございません」「誠に申し訳ございません」など、謝罪の言葉を使って、相手に対して謝罪を述べます。（以下略）

心得がわかったら本文です。

プロンプト入力例

謝罪文のポイントを踏まえて、Word形式で、A4用紙1枚で納まるように1,000文字程度で謝罪文の作成をお願いします。タイトルは平易な表現で、小見出しは内容に即して変更してください

- 謝罪の表明：誠に申し訳ございません
- 問題の説明：原因や経緯については不明瞭な部分があるので、問題に関する影響を十分に考慮したとしてください
- 解決策の提示：解決策についてはまだ保留なので、仮の内容で作成してください

回答が返ってきたら、必ず精査もお願いしましょう。謝罪文ですから、立場の違う複数の人たちを精査する人物として指定して精査しましょう。

プロンプト入力例

完成した以下の謝罪文を男女それぞれ、年代は20代から80代ぐらいまでを想定して、数人の人格で数回程度、内容や表現に問題がないか精査してください。なお、問題があった場合は、その理由も記載してください

5 新規プロジェクトのアジェンダを作成する

ビジネスの現場で新しく何か始める際の下準備や調査は、それなりに億劫な仕事です。それが上司の無茶ぶりであれば、なおのこと。こういう後回しにしたくなる仕事こそ、ChatGPTに任せましょう。

ChatGPTは一般的な知識の提供は得意

まずは、アジェンダ作成に必要なことを会議の内容から箇条書きにしましょう。箇条書きも3つぐらいでいいでしょう。あまり数が多くても把握できませんし、ChatGPTは指定次第ではほぼ無限に書いてしまいます。

また、前提となる仮説が複数ある場合は、それぞれChatGPTに相談してみるといいでしょう。

プロンプト入力例

会社の新規事業の会議のアジェンダ作成を任されてしまいました。そのために必要な調査や要件定義などについて、箇条書きで3つほど教えてください

応答例

1. 目的の明確化と要件定義

まずは新規事業の目的を明確にし、その目的を達成するために必要な要件を定義することが重要です。新規事業がどのような市場や顧客層を対象とするか、競合環境や市場動向はどうか、収益や利益目標はどの程度かなどを検討し、要件を洗い出すことが必要です。

2. 市場調査と競合分析
新規事業を開始する前に、市場調査と競合分析を行うことが重要です。市場の規模や成長率、顧客のニーズや傾向、競合環境や市場動向などを分析し、新規事業の方向性や差別化戦略を検討することが必要です。

3. リスクマネジメントの検討
新規事業には多くのリスクが伴います。事業計画の策定段階からリスクを予測し、リスクマネジメントの方針を検討することが重要です。リスクの種類や発生確率、影響度を評価し、リスク対策のプランを策定することが必要です。また、リスクを定期的にモニタリングし、必要に応じてアクションプランを見直すことも大切です。

■ 字数を指定して作成してもらおう

このプロンプトで自分がそれまで意識していなかった項目が出てくれば、ラッキーです。なぜなら、それは新しい目線を手に入れたことになるからです。新しいジャンルや自分がよく知らないジャンルのことであればなおさらです。そういった発見も盛り込みながら、さらに深堀りしていきましょう。もちろん、自分の仮説を盛り込んでいくのもいいでしょう。例えば、以下のように強調したい点を指定して、依頼します。

プロンプト入力例

会議のアジェンダをその3つの項目で整理してください。なお、リスクマネジメントについては特に重要です。ただし、全体で500文字程度にして、次回の予定についても確認するようにしてください

応答例

会議のアジェンダの整理を以下のように提案します。

1. 目的の明確化と要件定義

- 新規事業の目的を明確にする
- 目的達成のために必要な要件を定義する
- 顧客層や市場動向、収益目標などを検討する

2. 市場調査と競合分析

- 市場調査を行い、市場の規模や成長率、顧客のニーズや傾向を分析する

(以下略)

ワンポイント!

プロジェクトを進めていると、内容を決定する以外のこまごまとした調整しないといけない項目が出てきます。会議日程などはまさにその代表例です。そういうものは出力形式を変えて、目立たせることですぐに実行してもらいたいですね。
例えば、プロンプトに「次回の会議日程を決めたいので、必要な項目を入力しやすい表組みで出力してください」などと入力してみましょう。

COLUMN

ログミーツGPTで生産性の向上へ

ChatGPT登場以前から専用端末とWindowsアプリでAI文字起こしのサービスを展開してきた「ログミーツ」。文章の要約機能を追加しようとしていたところにChatGPTが登場し、検証の上、即採用を決めたそうです。すでにビジネス現場で使われているということで、時空テクノロジーズ代表の橋本善久さんにお話をうかがいました。

議事録革命!! ログミーツ（https://lp.logmeets.jp/）

「ChatGPTを使いこなすことは初めての人にとって簡単ではありません。ログミーツでは、例えば「シンプル箇条書き」「ToDo抽出」などのようにAI処理をボタン化し、ワンクリックで使えるようにして、知識ゼロで使えるようにしました。また、プロンプトの自由入力もできるようになっていて、ログミーツ経由（API利用）でChatGPTの技術をすぐに使いこなせる環境にもなっています。

現在ビジネスで利用されているユーザーは多方面に及びます。長野県庁では全庁で活用展開中。数百の自治体、企業で導入済みで、現在も対応が追いつかないほどにお問い合わせを受けています。

ログミーツを通してChatGPTに使い慣れてくることで、AIをこんなことやあんなことに使えないかと、柔軟に発想が広げるユーザーが増えています。また、最初に使ったユーザーが、ログミーツのよさをクチコミで組織内外に広げてくれています」

6 会議の議事録を作成する

議事録といえば、雑用仕事の代表例ですが、議事録がなければみんなが困るという意味では重要なものです。ここでは、箇条書きだけでChatGPTに何とかしてもらう方法を紹介しましょう。

議事録のフォーマットを作る

たかが議事録、されど議事録です。気の利いた議事録を受け取ると次の会議が円滑に進むことは間違いないので、よい議事録を作成することはビジネス全体にとっても重要なことです。

プロンプト入力例

気の利いた議事録を書き残しておきたい。大事なポイントだけ、100文字で項目は5つで教えてください

応答例

1. 出席者のリスト: 参加者全員の名前と肩書きをリスト化する。
2. 議題の概要: 議論したテーマやアジェンダを簡潔にまとめる。
3. 意見の要約: 各参加者が述べた意見や提案を簡潔にまとめる。
4. 決定事項: 会議で決定された事項や行動計画を列挙する。

5. 次回のアクションアイテム：次回までに実施すべきアクションや担当者を明示する。

議事録に必要な要素は整理できたので、フォーマット化しましょう。

プロンプト入力例

アクションアイテムは別項目にして、A4用紙2枚程度の議事録にしたいです。タイトルと小見出し付きでフォーマット化してください

応答例

議事録フォーマット例
[タイトル]
[会議日程]
[出席者リスト]

[議題1]
- [小見出し1]：[内容の要約]（以下略）

要点を渡して、あとは議事録作成を依頼します。

プロンプト入力例

上記フォーマットを使って、以下の箇条書きを元にして議事録を完成してください
・議題1：（以下略）

7 契約書や規約の原案を作成する

ビジネス文書のなかでも厳密性が求められるのが契約書です。専門の法務部門があったり、契約書は必ず顧問弁護士がチェックしている会社もあるほどです。とはいえ、コストも手間もかかります。

契約書にはお手本が多く存在する

ここまで読んできたみなさんはもうおわかりだと思いますが、ChatGPTが文書作成で得意とするのは、お手本が多数存在するものです。契約書はお手本になるものがたくさんありますから、何も考えずにどんどん指示していくと精度が上がっていきます。

プロンプト入力例

A4用紙2ページほどの簡単な売買契約書を新規で作成することになりました。そのひな型を教えてください。なお、特記事項については、別途追加ページで処理するものとします

応答例

以下は、簡単な売買契約書のひな型です。特記事項については、追加ページで処理することを記載しています。

【売買契約書】

甲　売主

乙　買主

この契約は、甲が所有する以下の物件（以下、「物件」という。）を、乙が甲から購入することを目的とするものである。

【物件の詳細】

・物件名：

・所在地：

・面積：

・権利の種類：

第1条 売買価格

1.1 売買価格は、【金額】円とする。

1.2 乙は、売買価格を以下の方法により甲に支払うものとする。

(1)【支払い方法】

第2条 売買の完了および引渡し

2.1 売買代金の全額が甲に支払われた時点で、売買は完了したものとする。

2.2 引き渡しは、【日付】までに行うものとする。

2.3 引渡しにあたっては、甲が乙に対して以下の書類を提出するものとする。

（以下略）

なお、契約書などの場合はどうしても文書が長くなりますので、処理が途中で止まることがあります。そのまま続けてほしいときは「続けてください」とプロンプトで指示するか［Continue generating］ボタンを押すと、続きが生成されます。

応答例

（承前）

6.1.1 損害賠償は、違反行為によって直接的に生じた損害に限定される。

6.1.2 損害賠償の請求は、違反行為から１年以内に行うものとする。

第７条 秘密保持

7.1 甲および乙は、本契約に関連して知り得た相手方の業務上の機密情報を、相手方の書面による承諾なく、第三者に漏らさないものとする。

（以下略）

完成した契約書のなかに、明確に違う部分があれば、その部分だけを修正してもらうことも可能です。例えば契約するものが異なるなどです。

プロンプト入力例

今回の契約書は物件ではなく、商品なので、その旨記載を変更してください

応答例

申し訳ありません。以下が修正された契約書となります。

売買契約書

以上、甲乙は、以下の通り、商品の売買に関する契約を締結する。

第１条 商品

1.1 甲は、以下の商品（以下、「商品」という。）を販売する。

（中略）

2.2 支払期日は、商品納品と同時に到来するものとし、現金での支払いとする。

（中略）

第３条 納品

3.1 甲は、本契約に基づき、速やかに乙に商品を納品するものとする。

3.2 甲は、商品納品時に、必要な書類を乙に渡すものとする。

第４条 商品の保証

4.1 商品は、甲が販売する商品として通常の品質を有しているものとする。

4.2 商品の瑕疵等については、乙が、商品納品後１週間以内に甲に通知するものとし、甲は、適切な対応を行うものとする。

（以下略）

商品売買契約書に留まらず、特記事項の文言も、以下のような一言で、とりあえず執筆してくれます。

プロンプト入力例

特記事項のページも作成してください

挙がってきた回答に対し、契約書と同様に修正の指示を出すことで、どんどんと完成に近づいていきます。ただし、作成された文章は必ず専門家のチェックを受けてから使用しましょう。

8 公的な文書や冠婚葬祭の文書を作成する

冠婚葬祭の文書の作成を想像しただけで、いったんおやつを食べたくなるほどに面倒なものですね。しかも相手が取引先だったり、目上の人だったりする場合、さらに面倒です。

インプット情報なしでもある程度のものが出る

きちんとした文章で敬意を示し、相手に失礼のない内容にしたいのが冠婚葬祭やご挨拶文。ここでは結婚式の招待状の文面を作ってみます。

プロンプト入力例

結婚式の招待状を正式な形で作成します。式のスタイルについての表記は不要です。また両親と連名するものとします

応答例

招待状の文面例を以下に示します。
[挨拶]
[新郎の名前] さんと [新婦の名前] さんが、[日付] に結婚式を挙げることとなりました。
この度、[会場名] にて挙式・披露宴を行います。

[新郎の名前] さんと [新婦の名前] さんは、多くの方々に祝福されたいと願っております。そのため、ご多忙中とは存じますが、ぜひご出席いただけますよう、ご案内申し上げます。

[新郎の名前] さんと [新婦の名前] さん両親と、[ご両親のお名前] 名義でご案内いたします。

[日時]

[挙式・披露宴会場名]

[連絡先]

何卒、ご多用の折とは存じますが、ご出席くださいますよう、心よりお願い申し上げます。

敬具

なお、上記の文面に対してはちょっと素っ気なさすぎますよね。「簡単すぎます」とつっこみを入れて新しい案を出してもらいました。第二案は大分よくなっていましたが、もしも、何回やり直しを依頼してもイメージに近い文章にならない場合は、新しいチャットを開いてやり直すほうがよい結果になりやすいです。そして、開始時には希望する情報をより多く与えてトライしましょう。

ワンポイント!

ChatGPTで文書を作成する際、基本的には与える情報が多いほうがいいのですが、作成内容と情報がマッチしないとよい結果にならない場合もあります。明らかに不特定多数に対して作成する文書の場合は、ターゲットを絞りすぎてしまうとうまくいかなくなってしまいます。迷った場合は対象者にふさわしい文体についても、ChatGPTにアドバイスをもらうといいでしょう。

9 プレゼンスライド作成のための準備をする

ビジネスパーソンにとってもはや必須スキルとなったプレゼンですが、慣れていないと資料のスライドを作るのはかなり面倒な作業です。作成準備を手伝ってもらいましょう。

スライドの作成そのものはまだできない

ChatGPTは、テキストで回答を返すチャットボットなので、現在は、プレゼンスライドそのものを作成することはできません。でも、頼める仕事はあります。

■ スライドの構成や時間配分を決める

スライド作成で重要なのは、まずは構成です。5分程度のショートプレゼンでもない限り、順序立てて結論に導いていく必要があります。

次に重要となるのが時間配分です。せっかくの内容も時間をオーバーしたり、時間が大幅に余ってしまうようなことになると、聞いている人たちにネガティブな印象を与えてしまうかもしれません。そこで、スライドの中身と同時にそれぞれのスライドの時間配分も教えてもらいましょう。

また、PowerPointなどに転用する際に便利なので、アウトライン形式で出力するのがおすすめです。

プロンプト入力例

新規事業の説明のためのプレゼンをやることになりました。時間が30分程度です。その際の適切な構成、そしてスライドの枚数を、そこそこキャリアのあるビジネスパーソン向けにアドバイスしてください。
なお、出力はアウトライン形式で行ってください

応答例

以下は、新規事業のプレゼンテーションのためのアウトライン例です。スライドの枚数は、各スライドで扱う内容と、プレゼンテーション全体の時間に応じて調整してください。

I. イントロダクション（2分）
- 自己紹介
- プレゼンの目的とアジェンダの説明

II. 背景（5分）
- この新規事業が生まれた背景と市場の概要
- 競合他社の存在や市場動向

III. 提供する価値（7分）
- 提供するサービス／商品の概要
- そのサービス／商品が持つ特徴やメリット
- 顧客ニーズに応える理由や市場のニーズとのマッチング

IV. ビジネスモデル（5分）

- 収益モデルの説明

- コスト構造やキャッシュフローの予測

V. マーケティング戦略（5分）

- ターゲット顧客層とその理由

- マーケティングプランの概要

- 販促活動や広告戦略の予定

VI. チーム（3分）

- チームメンバーの紹介

- それぞれの役割とスキル

VII. ロードマップと成長戦略（3分）

- 将来的な目標や計画

- ロードマップの概要

- 成長戦略の具体的なアプローチ

VIII. 質疑応答（5分）

- 質問や懸念事項に対する回答

- 受けたフィードバックに対する回答

IX. 結論（1分）

- プレゼンの要点のまとめ

- 次のステップやアクションプランの説明

以上が、新規事業のプレゼンテーションのアウトライン例です。

スライドの枚数は、10枚程度が適当だと考えられます。

ワンポイント!

アウトライン形式で出力したテキストはいちいちコピペするのではなく、PowerPointへ、アウトラインをインポートしましょう。[ホーム] リボンの [新しいスライド] → [アウトラインからスライド] を選択し、アウトラインの挿入のダイアログからアウトライン形式で出力したテキストを選んで挿入しましょう。

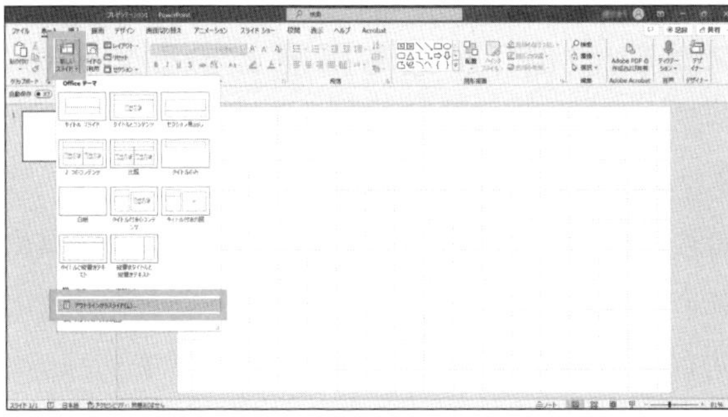

[新しいスライド] から [アウトラインからスライド] をクリック

ファイルを選択して [挿入] をクリック

10 プレスリリースを作成する

プレスリリースは報道関係者向けに発行されている文書です。プロの広報担当者、広報担当会社が制作しているものですが、ChatGPTと協業しながらの作業に向いています。

プレスリリースはChatGPTが最も得意とする文書の1つ

プレスリリースはネット上にも公開されることが多い文書です。また、その文書の性質上、通常の文書以上に内容が簡潔に要点を絞って書かれ、共通する項目も多いタイプの文書です。生きた実例が多いということは、それはChatGPTの出力にそのままいい影響となって現れます。

プロンプト入力例

私は広報です。会社でプレスリリースを出すことになりました。その際の注意点を3つほどアドバイスしてください。また、いいフォーマットがあれば教えてほしいです

応答例

プレスリリースを出す際の注意点として、以下の3つをアドバイスします。

1. 簡潔かつ明確な情報提供: プレスリリースはメディアや一般の読者に対して重要な情報を伝えるための手段です。情報を簡潔かつ明確に伝えることが重要です。長文や冗長な表現を避け、要点を的確にまとめるようにしましょう。読者がすばやく理解できるような形式を心掛けてください。
2. ニュース価値の強調: プレスリリースはメディアの関心を引くためにニュース価値を持つ内容であることが重要です。発表する情報が新規の製品、イベント、業界のトレンドや変化など、読者にとって重要な情報であることを明確に示しましょう。(以下略)

プロンプト入力例

このフォーマットでプレスリリースを作成してください。A社では7月21日に新商品、夏限定の低カロリーフルーツゼリーを発売します。具体的な文面をA4で1枚程度で書いてください

応答例

【ヘッドライン】
A社、夏限定の低カロリーフルーツゼリーを7月21日に発売
【デッキ】
新商品であるA社の夏限定の低カロリーフルーツゼリーが、健康志向の消費者に向けて7月21日に発売されます。
【日付と場所】
発信日: [発信日]
発信地: [発信地]

【内容】

［会社名］は、夏季限定商品として、低カロリーフルーツゼリーの新商品を発売することをお知らせいたします。この新商品は、暑い夏にぴったりのさっぱりとした味わいで、健康的な食生活を目指す消費者に最適な選択肢です。

夏限定の低カロリーフルーツゼリーは、新鮮なフルーツの風味を活かした豊かな味わいが特長です。さらに、カロリーを抑えることで健康意識の高い方々にも安心してお楽しみいただけます。自然な甘さと爽やかな食感が特徴であり、夏の暑さを感じながらもさっぱりとした口当たりが味わえます。

（中略）

以上がＡ社のプレスリリースの例です。具体的な情報や連絡先は、Ａ社の実際の情報に合わせて編集してください。

■ ターゲットに向けたカスタマイズ

プレスリリースのターゲットは報道機関やジャーナリストですが、自分だけの目でニーズに合ったものかを精査するのは難しいものです。

プロンプト入力例

このプレスリリースが魅力的なものになっているか、チェックして

応答例

提供されたプレスリリースをチェックし、魅力的な要素を評価します。以下は、プレスリリースの魅力的な側面と改善点のいくつかです。

魅力的な要素：

1. タイミングと新規性：プレスリリースは夏季限定の新商品の発売をアナウンスしており、季節にマッチしたタイミングであることから関心を引く可能性があります。
2. 健康志向と低カロリー：プレスリリースは健康志向の消費者を

（中略）

改善点：

1. 引用や具体的なエピソードの追加：もし可能であれば、実際の消費者の声や試食体験の引用を追加すると、プレスリリースの信憑性と説得力が向上するでしょう。
2. 記事の提供：プレスリリース内で、メディアに対して詳細な情報や資料を提供することを促す文言を追加すると良いです。メディアがより詳しい情報を求める場合に備えて、報道機関が興味を持ちやすくなるでしょう。

このプレスリリースは、商品の特徴や魅力を伝えるうえで一定の魅力を持っていますが、具体的な改善点を盛り込むことでさらに魅力的なものになる可能性があります。

改善点では、いくつかの新しい視点が得られたと思います。このようにChatGPTと文書の精査を進めていくと作業もはかどるでしょう。

ワンポイント!

自社のことはともかくとして、プレスリリースのなかに他社のことやマーケットの話のようなものを入れる場合は、ChatGPTでの作文や精査に頼り切りになるのはやめましょう。時として、社会的に影響を及ぼす可能性もあります。

11 マークダウン記法に処理をして、文章をブログに使う

マークダウン記法は使えるまでに覚えることが少ない割には効果が高く、ブログやWebのテキスト処理（マークアップ）によく使われています。

見出しや箇条書きなどのマークアップも自動で

ChatGPTはコーディングができるので、HTMLマークアップの簡略的な手法であるマークダウン記法にも対応しています。もしもChatGPTで作成した文書をマークダウン記法に対応しているサービスやアプリで使うのであれば、最初からマークダウン記法でChatGPTに出力してもらえば、手作業をぐっと効率化できます。

■ 無駄な作業を減らすマークダウン記法

マークダウン記法が効果を発揮するのは作業の時短につながるからです。ブログであれば、まずタイトルを強調、次に小見出しを強調といった修飾的な効果は、今どきの投稿画面でも範囲を選択してメニューをクリックぐらいの手間がかかります。でもマークダウン記法であれば「#」と冒頭に記載するだけです。そう記載するだけで、修飾も含めて作業が完了するわけです。

ビジネスブログを会社のオウンドメディア的に運用する場合もあるでしょうから、とにかく時短につながるものは採用すべきです。

プロンプト入力例

> スマートウォッチに関するブログの記事をマークダウン記法で書いてください
>
> 内容については、ここ数年のスマートウォッチの進化に注目して、今後の未来を考える感じで
>
> 文字数は、700文字程度でお願いします

応答例

> #スマートウォッチの進化と未来
> スマートウォッチは、近年急速に進化しており、今後ますます多様な機能を持つようになるでしょう。（以下略）

大枠が決まったら、そこに何回かつっこみを入れていくと、想定通りの内容になっていきます。文章が「長すぎる」「短すぎる」とか、「○○に××の記述を追加してください」などしてブラッシュアップを進められます。

最後は、ブログ記事で大事なタイトル案を提案してもらいましょう。

ワンポイント!

「この文章をSNSで共有するので、もう少しユニークなワードを使ったタイトルに変更してください」などとお願いすると、適宜ふさわしい絵文字を選択して挿入してくれたりと、下準備に便利です。

12 SNS原稿、キャッチコピー、タイトル、リードの案を100案出す

SNSは、マーケティングに欠かせないビジネスツールです。ただ、SNSで注目を集めるツイートを考えるには時間がかかります。ベース案が複数あれば、そこからアイデアを引き出せそうです。

SNSで大事なキャッチーさ

実際に100案も必要かどうかはともかく、SNS投稿にはまず、わかりやすさが常に求められます。しかもSNSだからこそ、正しい情報であることがビジネス利用では大切です。そこでどこを大事にすべきかを整理しつつ、キャッチコピーを量産できるようにプロンプトを仕上げておきましょう。

プロンプト入力例

SNS投稿、キャッチコピー、タイトル、リードで大事なポイントを10個ほど出してください

応答例

以下はSNS投稿、キャッチコピー、タイトル、リードで大事なポイントの例です：

1. 目的を明確にする：投稿の目的を明確にし、それに向けた情報を提供するようにする。
2. 読者を引き付ける：目を引くようなキャッチコピー、タイトル、リードを使って読者の興味を引き付ける。
3. 短く簡潔に書く：投稿が簡潔で読みやすいようにする。長すぎる文章は読者の注意を逸らすことがある。
4. 重要な情報を前面に出す：重要な情報はタイトル、リードに織り込んで前面に出す。
（以下略）

プロンプト入力例

では、上記に沿って、ChatGPTのビジネス利用に関する解説書の新刊発売のSNS投稿で使うキャッチコピーを10案出してください

応答例

以下は、ChatGPTのビジネス利用に関する解説書の新刊発売のSNS投稿で使えるキャッチコピーの例です：

1. ChatGPTがビジネスの未来を変える！新刊発売！
2. ビジネスパーソン必見！ChatGPTの新刊が登場！
3. ChatGPTが教える、ビジネス活用の極意！
4. ビジネスの常識を変える、ChatGPTの新刊がついに登場！
（以下略）

もちろん時間さえあれば、100案どころか1,000案でも10,000案でも生成可能です。

ただ、途中で停止したら何回も「続けて」とプロンプトを入力しないといけないですし、精度も甘いので10案程度を出力したうえで、何度かつっこみを入れて改善したほうが結果はよいようです。

■ SNS投稿用に文章の長さやテイストを加工

そして、キャッチコピーが決まったら、それをそのままSNS投稿用に展開しましょう。各SNSには投稿の文字数制限などに違いもあります。それも意識して出力してくれます。

プロンプト入力例

では「ビジネスパーソン必見！ChatGPTの新刊が登場！」というキャッチコピーを使って、Twitter用の投稿を考えてください。なお、Facebook用の投稿はタイトル、リードの案も追加して、本文を作成してください。また、ターゲットは言うまでもなくビジネスパーソンです。

このようにお願いすれば、投稿可能な字数が違うSNSのそれぞれに書き分ける手間を省くことはもちろん、本文そのものもお任せで、それぞれの文章のたたき台を作ってくれます。

Chapter 5

ChatGPT × Excel活用術

1 Excelで ChatGPTを活用するには

Excelは仕事に欠かせないツールですが、その多機能さゆえに、多くの人は使いこなし切れていないのでは？　ChatGPTをうまく使えば、誰でもExcelマスターになれる可能性があります。

どんなExcel作業を頼めるのか？

ChatGPTはテキストで質問をするとテキストで返事をしてくれるツールです。ChatGPTがExcelを直接操作することはできません。ここでは、別途ChatGPTを開き、Excelに関する質問をし、その回答を利用する方法を紹介していきます。

なお、Microsoftは、Microsoft 365でChatGPTを使える「Copilot」機能を2023年3月に発表しました。今後はアプリ内でChatGPTを意識せずにシームレスに利用できるようになるようですが、2023年6月現在、まだ使用できません。

■ ChatGPTで何ができるのか

ChatGPTを使うと、どのようなことが可能になるのでしょうか。

1. やりたいことを尋ね、必要な機能と手順を教えてもらう

単純な機能なら通常の検索やヘルプからでも十分調べることができますが、込み入った目的の場合は検索するのが難しいものです。例えば日報を

作ろうとしたときに、あるセルには特定の名前だけしか入力できないようにしたいとします。通常のWeb検索を使って調べると、「セルの保護」「入力規則」といったキーワードが入ったページが表示されますが、なかなか一発で知りたい情報を得ることは困難です。しかし、ChatGPTであれば、使う機能とその手順を簡潔に教えてくれます。

Excelの初心者にとってとても便利な使い方ですが、問題もあります。ChatGPTが提示するメニューや機能の文言と実際のExcelの文言が違う場合が時々あるのです。これは推測になりますが、おそらくChatGPTは英語版のExcelのメニューや機能名を日本語に直訳しているのではないでしょうか。提示されたメニューが見つからないときはそこであきらめずに、推測してみましょう。ChatGPTの意図を理解するための方法として、Excelのメニュー自体を一時的に英語化してみるのも1つの方法です。言語パックを追加すれば英語化できます。

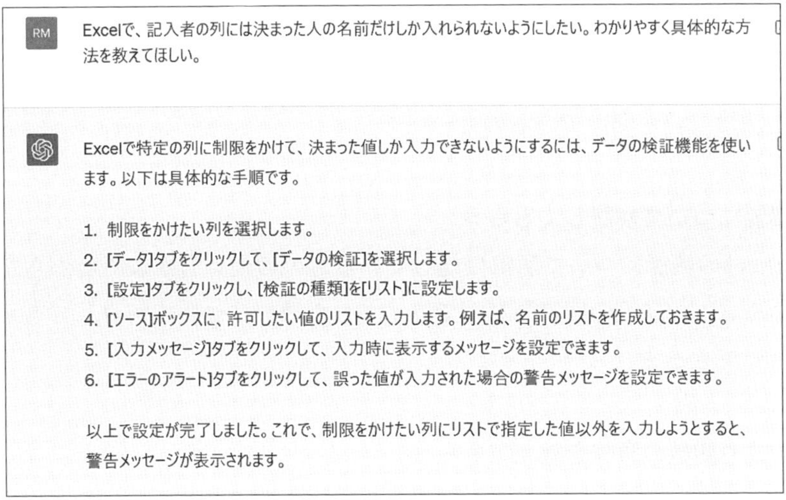
RM

Excelで、記入者の列には決まった人の名前だけしか入れられないようにしたい。わかりやすく具体的な方法を教えてほしい。

Excelで特定の列に制限をかけて、決まった値しか入力できないようにするには、データの検証機能を使います。以下は具体的な手順です。

1. 制限をかけたい列を選択します。
2. [データ]タブをクリックして、[データの検証]を選択します。
3. [設定]タブをクリックし、[検証の種類]を[リスト]に設定します。
4. [ソース]ボックスに、許可したい値のリストを入力します。例えば、名前のリストを作成しておきます。
5. [入力メッセージ]タブをクリックして、入力時に表示するメッセージを設定できます。
6. [エラーのアラート]タブをクリックして、誤った値が入力された場合の警告メッセージを設定できます。

以上で設定が完了しました。これで、制限をかけたい列にリストで指定した値以外を入力しようとすると、警告メッセージが表示されます。

▲ ChatGPTにExcelの操作を質問

例えば、上図でChatGPTに「決まった値だけしか入力できないようにするには」と尋ねた結果［データの検証］を選択するよう回答がありました。しかしメニューには［データの検証］が見当たりません。英語では「データの検証」は［Data Validation］です。Excelのメニューを英語に変更してみると、確かにそのコマンドが見つかりました。日本語では［データの入力規則］が該当するようです。

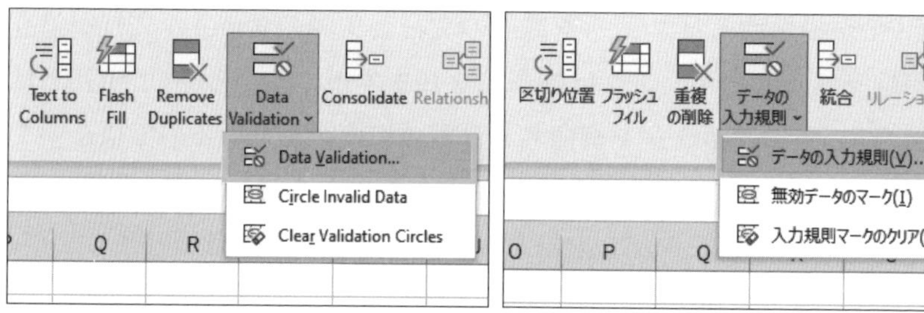

▲日本語のコマンドは英語のコマンドの直訳ではない

2.関数や数式を作成してもらう

やりたいことを実現するための関数や数式を作成するのも得意です。同じことを実現するための方法が1つではないこともあるので、何度かほかの方法はないか聞いてみるのもいいでしょう。

3.機能について解説してもらう

Excelの機能について名前は知っているものの使い方がよくわからないときや、ChatGPTの回答のなかで提示された機能について解説してもらうことができます。

4.数式や関数の意味を教えてもらう

他人が作ったExcelのシートで使われている数式の意味がわからない場合、その内容を解説してもらうことができます。

5. マクロを作ってもらう

VBAを使ったマクロを作ってもらうことができます。

6. データ整理の手助けをしてもらう

Excelで扱うデータの分類や分析補助、ダミーデータの作成などを行うことができます。

7. Excel内でChatGPTを使う

2023年6月現在、まだCopilotは使用できませんが、ChatGPTに尋ねた結果をセル内に読み込める関数を利用できるアドインが提供されています。

ワンポイント!

Microsoftは OpenAIの大株主でもあり、今後自社製品へのChatGPTの技術利用を加速させていくことは間違いありません。2023年3月に発表された「Microsoft 365 Copilot」には、ExcelだけでなくWordやPowerPoint、OutlookやTeamsなど一連のOffice製品への搭載が予定されています。また、Windows 11へのChatGPTの導入も始まり、「Windows Copilot for Windows 11」では、自分の希望を会話形式で伝えることで、Windowsの設定を変更してもらったり、適切なアプリを推薦してもらうことが可能になります。OSからアプリケーションまですべてのレイヤーでAIが助けてくれる時代はすぐそこまで来ているのかもしれません。

2 Excelで実現したいことを直接尋ねる「売上を集計したい」

Excelの基本機能にデータの集計があります。しかし合計以外の集計となると、手動で表を作り直していませんか？　もっとスマートにできる方法をChatGPTに聞いてみましょう。

集計を効率よく行う

データの集計は、Excelの利用法のなかでも最も一般的な使用方法です。しかし、全体を足し合わせる単純な集計以外の使い方をマスターしている人はそれほど多くありません。単純な合計ならば、SUM関数を使うだけなので簡単ですが、一定の条件に当てはまるものを抽出し、集計するとなるとちょっと面倒です。例えば売上表のなかから特定の商品の月別の売り上げを集計したいとき、手作業で表を分割して集計している人もいるかもしれません。もっと効率的に集計できる方法もあるのは知りつつ、その学習の手間が惜しくて毎回手作業を繰り返している人にぜひおすすめしたいのが、ChatGPTの活用です。

ChatGPTには集計そのものをお願いするのではなく、その方法を尋ねるのがポイントです。実現したいことをお願いするのに加え、データの構成を伝えます。

プロンプト入力例

Excelで、次の表から商品ごとの月別の売上を集計したい
表の構成は次の通り：商品名、金額、年月日、購入者の年齢

応答例

商品名	金額	年月日	購入者の年齢
A	1000	2022/01/05	30
B	500	2022/01/10	25
A	800	2022/02/03	40
C	1200	2022/02/15	35
B	700	2022/03/08	50
A	1500	2022/03/12	28

Excelで商品ごとの月別の売り上げを集計するには、次の手順を行います。

1. データを表に整理します。上記の表をExcelに貼り付けて、列見出しを含めた表にします。
2. 商品ごとの売り上げを集計するために、商品名を列見出しにしたピボットテーブルを作成します。
3. データ範囲を選択し、[挿入]タブをクリックして、[ピボットテーブル]を選択します。
4. [ピボットテーブルの作成]ダイアログボックスで、データ範囲を確認し、[OK]をクリックします。
5. ピボットテーブルエディターが開きます。行フィールドに「年月日」、列フィールドに「商品名」をドラッグアンドドロップします。
6. 売り上げを集計するために、値フィールドに「金額」をドラッグアンドドロップします。
7. 月別の売り上げを集計するために、行フィールドの「年月日」を月別にグループ化します。
8. 「年月日」の列を選択し、[グループ化]をクリックします。
9. [グループ化]ダイアログボックスで、「月」と「年月」を選択し、[OK]をクリックします。
10. 集計結果を整理します。ピボットテーブル上で、列フィールドの「商品名」の下にある小計を非表示にすることができます。また、必要に応じて、列見出しや値フィールドのラベルを変更することもできます。

以上の手順で、商品ごとの月別の売り上げを集計することができます。

ピボットテーブルを使った集計の方法を提案してくれました。ダミーデータも出力されるので、実際のデータを使う前に手順を試してみることもできます。ピボットテーブルは初心者には使いこなすのが難しい機能ですが、ChatGPTに任せればそれぞれの目的に合わせ、具体的な手順まで教えてくれます。ぜひ試してみましょう。

3 機能の解説をしてもらう「ピボットテーブルって何？」

Excelには数多くの機能があります。名前は知っているものの使ったことがない機能の概要や、使いこなせていない機能の効果的な使い方などについて聞いてみましょう。

Excelでできることを尋ねてみよう

Excelには数多くの機能があるため、使ったことがない機能がある人も多いのではないでしょうか。ChatGPTに効果や使い方を聞いてみることで、自分の仕事にも役立てられるようになるでしょう。

ここでは前節で登場した「ピボットテーブル」について詳しく聞いてみましょう。前節では「商品ごとの月別の売り上げを集計」する方法をChatGPTに尋ねたところ、「ピボットテーブル」を使う方法が回答として表示されました。表示された手順を再現すれば目的は達成されますが、この機能を使えばほかの業務にも便利に使えそうです。ピボットテーブルはどのような機能で、どう使えばよいのかを聞いてみましょう。

プロンプト入力例

Excelのピボットテーブルについてわかりやすく教えてほしい。概要と効果を挙げてください

応答例

Excelのピボットテーブルは、データを要約して分析するための強力なツールです。以下にピボットテーブルの概要と効果を説明します。

概要:
ピボットテーブルは、大量のデータを迅速に集計・集約し、データの傾向やパターンを可視化するのに役立ちます。通常、ピボットテーブルはデータベースや表形式のデータを基に作成され、行と列の軸を自由にドラッグアンドドロップすることでデータを再編成します。

効果:

1. データの要約: ピボットテーブルは、大量のデータから要約情報を簡単に取得することができます。数値データの合計、平均値、最大値、最小値などを簡単に計算し、表形式で表示することができます。
2. データの分析: ピボットテーブルを使用することで、データの傾向やパターンを素早く把握することができます。異なるデータ要素を行や列に配置し、データの交差点で数値を表示することで、データの相関関係や分布を可視化することができます。
3. データのフィルタリング: ピボットテーブルでは、データを複数の視点から分析できます。データをドラッグアンドドロップして行や列を再編成することで、特定の条件に基づいたフィルタリングや集計を行うことができます。これにより、特定のセグメントや領域のデータを素早く抽出し、分析することができます。
4. データの可視化: ピボットテーブルは、グラフやチャートの作成にも使用できます。ピボットテーブルを元にして、棒グラフ、折れ線グラフ、円グラフなどのグラフを簡単に作成することができます。これにより、データのパターンや傾向を視覚的に理解しやすくなります。

ピボットテーブルは、Excelの中でも非常に強力なデータ分析ツールです。大量のデータを処理し、要約して分析するために利用することができます。

ピボットテーブルはデータの分析や集計に役立つ機能だということがわかりました。さらに、具体的な利用法についても聞いてみることにします。

ワンポイント!

その機能に「向いていないこと」について聞いてみるのもおすすめです。

プロンプト入力例

ピボットテーブルの具体的な使用例を５つ挙げてください

応答例

以下に、ピボットテーブルの具体的な使用例を5つ挙げます:

1. 売上データの集計: 商品別の売上データが膨大な量ある場合、ピボットテーブルを使用して商品ごとの合計売上や平均売上を簡単に計算できます。さらに、地域や期間ごとの売上を集計することも可能です。
2. 顧客データの分析: 顧客データベースからピボットテーブルを作成し、顧客の属性（年齢、性別、地域など）に基づいて顧客数や購買金額を集計することができます。これにより、顧客セグメントの特徴を分析することができます。
3. 在庫管理: 商品の在庫データをピボットテーブルに組み込むことで、在庫の状況をリアルタイムで把握することができます。在庫の数量、日付、商品カテゴリなどを軸にして、在庫の増減や欠品の傾向を分析することができます。
4. プロジェクト管理: プロジェクトの進捗状況や予算データをピボットテーブルにまとめることで、プロジェクトの全体像を把握することができます。担当者別の作業量やタスクの進捗状況を可視化し、プロジェクトの課題やリソースの配分に関する洞察を得ることができます。
5. マーケティングデータの分析: マーケティングキャンペーンの成果や顧客動向を理解するために、ピボットテーブルを使用することができます。キャンペーンごとのクリック数やコンバージョン率を集計し、マーケティング施策の効果を評価することができます。

これらは、ピボットテーブルの一部の具体的な使用例です。ピボットテーブルは非常に柔軟で多機能なツールであり、さまざまなデータ分析のニーズに対応することができます。

ワンポイント!

分野やデータを明記して尋ねれば、さらに具体的な使用例を挙げてもらうことができます。

プロンプト入力例

ピボットテーブルを使うときに気をつけるべき点を教えてください

応答例

ピボットテーブルを使用する際に気を付けるべき点は以下の通りです:

1. データの整形とクリーニング: ピボットテーブルを作成する前に、元のデータを整形し、必要な形式に整える必要があります。また、不要な行や列を削除し、データのクリーニングを行ってください。データの整形とクリーニングは、正確な集計結果を得るために重要です。
2. データの正確性の確認: ピボットテーブルを作成する前に、データの正確性を確認してください。データの入力ミスや不正確な値がある場合は、修正する必要があります。正確なデータを使用することで、信頼性のある分析結果を得ることができます。
3. 適切なデータ型の選択: ピボットテーブルでは、データ型に基づいた集計が行われます。数値データ、テキストデータ、日付データなど、適切なデータ型を選択してください。適切なデータ型を使用することで、適切な集計が行われ、意図した結果を得ることができます。
4. ピボットテーブルの設定: ピボットテーブルの設定は、データ分析の結果に影響を与えます。行や列の配置、集計方法、表示形式など、適切な設定を行ってください。必要に応じて、集計方法を変更したり、表示オプションを調整したりすることで、より具体的な分析結果を得ることができます。
5. データの更新: ピボットテーブルは、データが変更された場合に更新する必要があります。データの追加や変更があった場合には、ピボットテーブルを更新して最新の結果を反映させてください。定期的にデータの更新を行うことで、ピボットテーブルの分析結果を最新の状態に保つことができます。

これらのポイントに留意することで、正確で効果的なピボットテーブルの使用が可能になります。

このようにChatGPTに次々と質問を重ねていくことで、具体的な手順を知るだけでなく、機能への理解を深めることが可能です。自分が疑問に思った点にすべて答えてもらえるのはChatGPTならではと言えるでしょう。一般的なヘルプや検索、利用マニュアルには不可能な芸当です。忍耐強く知識豊富なインストラクターのようなものだと捉えてみてください。

4 数式を作成してもらう「Excelで使える以下の数式を作成して」

Excelを使いこなす際、四則演算や関数を組み合わせることで、複雑な計算やデータ処理も可能になります。ChatGPTに聞けば、複雑な式も瞬時に作成してもらえます。

1つの式で誕生日から年齢を算出して分類する

■ Excel関数をChatGPTに質問

Excelで関数を使えばさまざまなことが可能になります。しかし使える関数の種類は2023年6月現在で488種にも上ります。これらをすべて覚えている人はほとんどいないことでしょう。また基本的な関数であっても、使いこなすのは難しいものです。ChatGPTに尋ね、自分の目的に応じて関数を使った数式を表示してもらいましょう。

ChatGPTでExcelの数式を作成するときに注意したほうがよい点があります。まず参照するセルを明確にすることが必要です。また、作成された数式が自分の望んだ結果になっているかどうか、検証は必ず行うようにしましょう。サンプルデータを用意して、誤りがないかどうかを確認してください。

なお、目的を達成するための数式は1つとは限りません。何度かChatGPTに聞くと、そのたびに異なる数式が表示される場合がありますので試してみるといいでしょう。

■ 数式を作成してみよう

ここでは、誕生日データを元に年齢を計算し、高齢者と子どもは無料、それ以外の人は有料と表示する数式を作成してみます。

プロンプト入力例

Excelで使える数式を作成してください
・誕生日から本日の年齢を算出し、60歳以上と20歳未満は無料、それ以外は有料と表示する
・誕生日はセルA2以降に記載

応答例

以下の数式を使用して、誕生日から本日の年齢を算出し、60歳以上と20歳未満に対しては「無料」、それ以外に対しては「有料」と表示することができます。

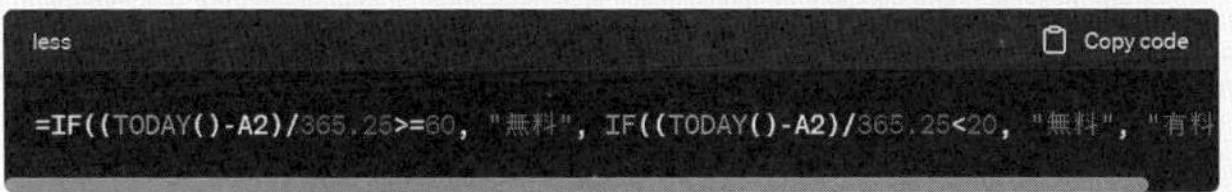

この数式では、A2以降のセルに誕生日が入力されていると仮定しています。`TODAY()`関数を使用して現在の日付を取得し、A2セルの誕生日から差を計算して年齢を求めます。365.25を使用することで、うるう年を考慮した正確な年齢が算出されます。

数式は以下の手順で動作します。

1. `(TODAY()-A2)/365.25`によって、誕生日から本日までの年数が計算されます。
2. 年齢が60以上の場合は「無料」と表示します。
3. 年齢が20未満の場合は「無料」と表示します。
4. 上記の条件に当てはまらない場合は「有料」と表示します。

この数式により、誕生日から今日までの年齢に基づいて、「無料」または「有料」という結果が得られます。結果は文字列として表示されます。B2セルに上記の数式を入力すると、B2セルから下にコピー・貼り付けすることで、他の人の結果も計算されます。

枠内に数式が表示されます。関数や式の説明も記載されています。

■ 数式が正しいか検証してみよう

表示された数式が、正しく動くかどうか検証します。検証用のデータを用意しましょう（もちろんChatGPTに作成してもらうこともできます）。誕生日前後できちんと分類できているかを確認するために、間違いが起こりそうな日付を検証データに含めておきます。ここでは本日60歳になる誕生日と明日60歳になる誕生日（今日は59歳）を検証データに含めました。

右上の［Copy code］をクリックし、Excel上のB2セルにペーストします。B2セルを選択して下にドラッグし、B3以下のセルにコピーします。

その結果、きちんと誕生日の前後で分類されていることが確認できました。

応答例

B2 ｜ =IF((TODAY()-A2)/365.25>=60, "無料", IF((TODAY()-A2)/365.25<20, "無料", "有料"))

	A	B	C	D	E	F	G	H	I	J	K	L
1	誕生日	分類										
2	1973/11/20	有料										
3	1963/5/13	無料										
4	1963/5/14	有料										
5	2003/5/13	有料										
6	2003/5/14	無料										

ここでは正確に表示された例を掲載しましたが、同じ質問を繰り返してみたところ、誤った結果が表示される数式が作成されることもあり、その数式では、誕生年だけを元に計算を行っていることが判明しました。

思ったような結果が得られているかを確認し、そうでない場合は何度か数式を作成してみたり、数式の中身を見てどこかに問題がないかを確認してみることが必要です。

COLUMN

サンプルデータ作成もChatGPTの得意技

テスト目的のダミーデータもChatGPTなら簡単に作れます。

プロンプト入力例

以下の項目のダミーデータを表形式で作成して
・顧客コード（数字4桁）
・氏名
・性別（M/F）
・年齢（10〜70）
【出力フォーマット】 ｜顧客コード｜氏名｜性別｜年齢｜
【件数】100件

また、出力形式を「CSV形式」と指定すると、「コード」として回答中に別枠に表示されます。［Copy code］をクリックし、テキストファイルに張り付け、拡張子をCSVにして保存すれば、Excelから読み込んで使うことが可能になります。

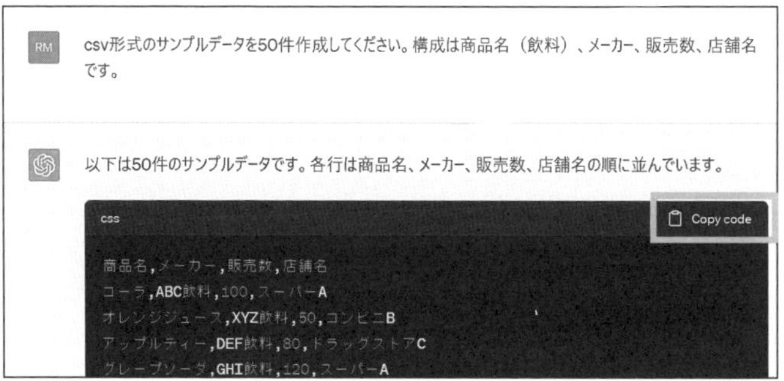

使われている数式を解説してもらう「次の数式の意味を教えて」

他人が作った数式を読み解くのは難しいものです。ChatGPTに数式の意味を解説してもらいましょう。表の改変をするときや、計算式が間違っていないかどうかを確認するのにも役立ちます。

複雑な式の意味を理解し改善する

人から受け継いだExcelのシートを開けてみたら、複雑な数式が多数使われており、ヘタにいじると動かなくなってしまうので見なかったことにして決められたセルのデータ入力を淡々と続けているという人は多いのではないでしょうか。ChatGPTに数式がどのような意味を持つのか教えてもらい、「自動計算のセルがブラックボックス」の状態から脱却しましょう。

■ 既存の数式をコピーして意味を聞く

このExcelのシートでは、利用料金の列には数式の計算結果が表示されているようです。どのように計算しているのか、ChatGPTに解説をしてもらいましょう。

D2　=IFERROR(IF(VLOOKUP(B2, 会員名簿!A:D, 4, FALSE) = "正規", 0, IF(VLOOKUP(B2, 会

	A	B	C	D
1	利用日	会員番号	利用形態	利用料金
2	2023/3/1	6	ジム	500
3	2023/3/2	11	スタジオ	0
4	2023/3/3	16	プール	0

▲利用料金の数式の意味は？

プロンプト入力例

次の数式の意味を教えて
=IFERROR(IF(VLOOKUP(B2, 会員名簿!A:D, 4, FALSE) = "正規", 0, IF(VLOOKUP(B2, 会員名簿!A:D, 4, FALSE) = "準", 500, IF(VLOOKUP(B2, 会員名簿!A:D, 4, FALSE) = "ビジター", 1000, ""))), "")

応答例

この数式は、ExcelのIFERROR関数とIF関数、VLOOKUP関数を使用しています。

この数式の意味は次の通りです:

- B2セルの値を「会員名簿」シートのA列からD列までの範囲で検索します。
- 検索結果が「正規」と一致する場合、0を返します。
- 検索結果が「準」と一致する場合、500を返します。
- 検索結果が「ビジター」と一致する場合、1000を返します。
- 上記のいずれにも一致しない場合、空の文字列（""）を返します。
- もしVLOOKUP関数がエラーを返す場合（例: 検索結果が見つからない場合）、空の文字列（""）を返します。

この数式は、B2セルの値に基づいて「会員名簿」シートから対応する値を取得し、条件に応じて異なる値を返すという処理を行っています。

会員名簿を参照して、会員番号を元に会員種別を検索し、種別ごとに違う料金を出していることがわかりました。

■ もっとシンプルな式に書き換える

どのような意味を持つ数式なのかがわかりましたが、これほど長い数式でなく、もう少しシンプルな数式でも実現できそうな気がします。ChatGPTに数式を書き換えてもらいましょう。

プロンプト入力例

次の数式をもっとシンプルに書いてください
=IFERROR(IF(VLOOKUP(B2, 会員名簿!A:D, 4, FALSE) = "正規", 0, IF(VLOOKUP(B2, 会員名簿!A:D, 4, FALSE) = "準", 500, IF(VLOOKUP(B2, 会員名簿!A:D, 4, FALSE) = "ビジター", 1000, ""))), "")

応答例

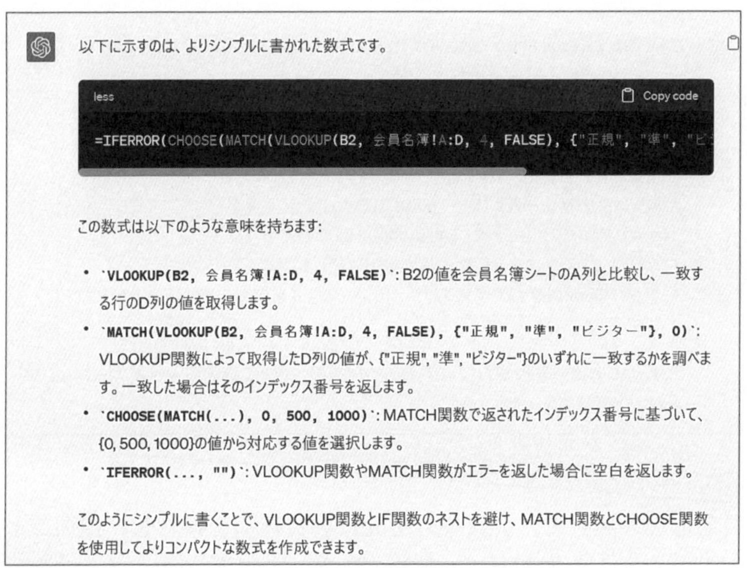

以下に示すのは、よりシンプルに書かれた数式です。

```less
=IFERROR(CHOOSE(MATCH(VLOOKUP(B2, 会員名簿!A:D, 4, FALSE), {"正規", "準", "ビ
```

この数式は以下のような意味を持ちます:

- `VLOOKUP(B2, 会員名簿!A:D, 4, FALSE)`: B2の値を会員名簿シートのA列と比較し、一致する行のD列の値を取得します。
- `MATCH(VLOOKUP(B2, 会員名簿!A:D, 4, FALSE), {"正規", "準", "ビジター"}, 0)`: VLOOKUP関数によって取得したD列の値が、{"正規", "準", "ビジター"}のいずれに一致するかを調べます。一致した場合はそのインデックス番号を返します。
- `CHOOSE(MATCH(...), 0, 500, 1000)`: MATCH関数で返されたインデックス番号に基づいて、{0, 500, 1000}の値から対応する値を選択します。
- `IFERROR(..., "")`: VLOOKUP関数やMATCH関数がエラーを返した場合に空白を返します。

このようにシンプルに書くことで、VLOOKUP関数とIF関数のネストを避け、MATCH関数とCHOOSE関数を使用してよりコンパクトな数式を作成できます。

MATCHとCHOOSEという新たな関数を使い、もっとシンプルに表す方法が提案されました。実際にコピーしてExcel上に入力し、元の値と同じになるか確認してみましょう。

D2 =IFERROR(CHOOSE(MATCH(VLOOKUP(B2, 会員名簿!A:D, 4, FALSE), {"正規","準","ビジター"}, 0), 0, 500, 1000), "")

	A	B	C	D
1	利用日	会員番号	利用形態	利用料金
2	2023/3/1	6	ジム	500
3	2023/3/2	11	スタジオ	0
4	2023/3/3	16	プール	0
5	2023/3/4	13	ジム	500
6	2023/3/5	7	スタジオ	1000

▲シンプルな数式に変更したが値は同じ

数式を変更してみたところ、表示された値は元の値と同じになり、間違いないことが検証されました。

このように、数式の意味を聞き、改善案を提案してもらうことで、Excelファイルの改善を行っていくことができます。もちろん、ここで知った新たな関数についてさらにChatGPTに尋ねていけば、自分の知識を増やし、実力をつけていくことにも役立ちます。

ワンポイント!

Excelの本来の実力を発揮させるためには、数式（関数）を使いこなすことが必須です。ChatGPTは数式の解読や、必要に応じた数式の作成を得意としているので、うまく使えば仕事の効率を大幅に向上することができるでしょう。

ただし、ChatGPTが提示した数式をそのまま鵜呑みにするのは危険です。エラーにはならなくても、意図通りの計算を行っていない可能性もあります。サンプルデータを使って検証を行うのはもちろん、数式の意味を理解したうえで使うようにしましょう。

初心者でも簡単に自動化できるようにマクロを作成してもらう

マクロを使うと、Excelでの作業がぐんと効率的になります。しかし導入のハードルが高いことも確か。ChatGPTを使えば、分厚い参考書を読まずともマクロによる自動化が実現可能です。

やりたいことを伝えるだけで自動化が実現

■ マクロを作成するときのポイント

Excelのマクロを使うと、繰り返し行う作業を自動化したり、特定の条件に基づいてデータを処理したりすることができます。手順を実際にExcel上で実施して記録する方法もありますが、複雑な操作を行いたいときはVBAという言語を使ってプログラムを書く必要があります。

イチからプログラミングを学ぶのは大変ですが、ChatGPTを使えば、あっという間にプログラムが作成できます。プロンプト作成のコツは以下の3点です。

1. やりたいことを明確に

「データを自動で追加したい」「新しいシートを作りたい」「グラフを作成したい」「Outlookからメールを送りたい」など、やりたいことを明確に記載しましょう。

2. 必要な情報を含める

自動化に必要な情報が何かを考えましょう。セルの位置やシート名、ファイル名、ファイル構成などが必要になることが多いです。それらの情報を伝えないと、誤動作の元になります。

3. 誤解を与えない表現にする

ChatGPTはあいまいな指示を推測する性質があるので、なるべく誤解のない表現にしておきましょう。例えば来場者名簿の入力自動化を行う場合、「名前」といえば「来場者の名前」の可能性が高いですが、「入力した人の名前」である可能性もあります。明確に指示しましょう。

■ 顧客リストから該当者にメールするマクロ

例として、顧客リストの該当者のみにメールを送るマクロを作成してみましょう。毎月、その月に誕生日を迎える顧客だけを選び、おめでとうメールを自動で送ります。

プロンプト入力例

Excelで次の作業を自動化したい。マクロを作って
・「顧客名簿」シートのなかで、誕生日が今月の人だけにOutlookからメールを送る
・メール本文は「[名前] さん、お誕生日おめでとうございます」
・メールタイトルは「Happy Birthday、[名前]!」
・「顧客名簿」シートの構成は次の通り。名前、誕生日、メールアドレス

応答例

以下は、ExcelのVBAマクロを使用して、指定された作業を自動化する方法です。

1. Excelを開き、Alt+F11キーを押してVBAエディタを起動します。
2. 「挿入」メニューから「モジュール」を選択し、新しいモジュールを作成します。
3. 以下のコードをVBAエディタに貼り付けます：

vba　Copy code

```vba
Sub BirthdayEmails()
    Dim OutlookApp As Object
    Dim OutlookMail As Object
    Dim LastRow As Long
    Dim i As Long

    ' Outlookを起動する
    Set OutlookApp = CreateObject("Outlook.Application")

    ' 「顧客名簿」シートをアクティブにする
    Sheets("顧客名簿").Activate

    ' 最終行を取得する
    LastRow = Cells(Rows.Count, 1).End(xlUp).Row

    ' ループを使用して、誕生日が今月の人にメールを送信する
    For i = 2 To LastRow ' 2行目から開始（1行目はヘッダー）
        ' 誕生日が今月の場合
        If Month(Cells(i, 2).Value) = Month(Date) Then ' 2列目は誕生日
            ' メールを作成する
            Set OutlookMail = OutlookApp.CreateItem(0)

            ' 宛先メールアドレス
            OutlookMail.To = Cells(i, 3).Value ' 3列目はメールアドレス

            ' メールタイトル
            OutlookMail.Subject = "Happy Birthday, " & Cells(i, 1).Value & "
```

実際にプログラムが正常に動作するかどうか、サンプルデータを使って試してみましょう。もしエラーが表示されたり、思うような結果にならないときは、何度かプロンプトを入力してみたり、プロンプトの表現を変えて試してみるといいでしょう。

■ マクロ制作の例

ほかにもさまざまなExcelの操作を自動化することができます。例を紹介するので、アレンジして使ってみてください。プロンプトの冒頭には「Excelで次の作業を自動化したい。マクロを作って」と入力してください。

自動化する内容	プロンプト例
顧客番号に誤ったデータ（数字以外のデータ）がないかチェックする	・顧客番号に数字以外のデータが含まれているセルは黄色の背景色にする ・顧客番号はA列に記載。1行目はタイトル行
分散している売上データから特定の顧客を抜き出してまとめる	・売上データA(売上A.xlsx）と売上データB(売上B.xlsx)から、指定した顧客のデータを抽出して記載する ・顧客の指定はA1に記載する ・A2以降に抽出したデータを記載する ・最終行に売上金額の合計額を記載する ・売上データの構成は、日付、顧客名、売上金額
来訪者一覧から本日の来訪者をコピーし、日報ファイルに転記する	・日報ファイル（日報.xlsx）の一番下の行に本日の日付、記載者の名前、作業内容、来客者名を記載 ・本日の日付にはボタンを押した時点の日付を取得する ・記載者の名前にはExcelのアカウント名を記載する ・来客者名には来客者ファイル（来客者.xlsx）で日付が一致する来客者名を転記し、複数該当するときは、1つのセル内にカンマで区切って記載する ・来客者ファイルの構成は、日付、来客者名、人数

ワンポイント!

マクロ初心者は、まず「Excelのマクロについて初心者でもわかるように教えて」と聞いてみるとよいでしょう。マクロの実行方法もいろいろあるので聞いてみましょう。例えばマクロをボタンに設定すればワンクリックで実行できて便利です。

COLUMN

Excel内でChatGPTを使ってみよう

Officeアドインの「ChatGPT for Excel」を追加すると、関数を使って、ChatGPTに聞いた結果をセルに読み込むことが可能になります（2023年6月現在、Microsoft 365のExcel、Web版のExcelに対応）。アドインを使うためには、Excelの［挿入］リボン→［アドイン］から「ChatGPT for Excel」を検索して追加し、OpenAIのAPIキー（https://platform.openai.com/account/api-keysから取得）を「ChatGPT for Excel」アドインにセットします。利用時は、通常の関数と同様に使えます。

AI.ASK（プロンプト）：ChatGPTに質問して回答を得る
AI.LIST（プロンプト）：ChatGPTに質問し、回答をリストで取得する
AI.FILL（元データの範囲, 推測してほしい範囲）：入力済みのセルから内容を推測して穴埋めする
AI.EXTRACT（元データ, 抽出データの指定）：特定のデータを抽出する
AI.FORMAT（元データ, フォーマットの指定）：フォーマット変換を行う
AI.TRANSLATE（元データ, 翻訳したい言語の指定）：テキスト翻訳を行う

B1 =AI.ASK("a謝罪する言葉を教えて。雰囲気は"&A1)

	A	B	C	D	E	F	G
1	元気いっぱい	で。「ごめんなさい！私、大変失礼しました！今後は気をつけます！」					
2	慎重に	。「申し訳ありません。私の行動があなたを不快にさせてしまい、大変申し訳なく思っています。」					
3	冷静に	。「申し訳ありません。間違えてしまいました」					
4	やる気なさげに	。「申し訳ありません。私は申し訳ないです。」					
5	子供っぽく	。「ごめんなさい！」					
6	政治家っぽく	。「申し訳ありません。私の行動があなた方を不快にさせてしまい、大変失礼しました。今後は慎重に行動し					

OpenAIのアカウントを取得したときに無料枠が提供されますが、その後は従量課金となるため使用状況に注意してください（使用状況と支払い状況は、https://platform.openai.com/account/usageから確認）。

Chapter 6

ChatGPTで英語を克服

1 英語を日本語に翻訳する「日本語に訳して」

インターネット上の膨大なテキストでトレーニングされたChatGPTは英語に精通しています。第6章ではChatGPTを使って英語を必要とする業務や英語学習に役立てる方法を紹介します。

ChatGPTは英文翻訳が得意

まずは英文翻訳を試してみましょう。「下記を日本語に訳して」といった簡単なプロンプトに続けて翻訳してもらいたい英文を入力しましょう。

プロンプト入力例

下記を日本語に訳してください
Globalization, or globalisation, is the process of interaction and integration among people, companies, and governments worldwide. The term globalization first appeared in the early 20th century, developed its current meaning some time in the second half of the 20th century, and came into popular use in the 1990s to describe the unprecedented international connectivity of the post-Cold War world.[1] Its origins can be traced back to 18th and 19th centuries due to advances in transportation and communications technology. This increase

（出典：Wikipedia: https://en.wikipedia.org/wiki/Globalization）

in global interactions has caused a growth in international trade and the exchange of ideas, beliefs, and culture.

応答例

グローバリゼーション、またはグローバリゼーションは、世界中の人々、企業、政府の間での相互作用と統合のプロセスです。この用語は20世紀初頭に初めて現れ、20世紀後半にその現在の意味を持つようになり、1990年代には冷戦後の世界の前例のない国際的なつながりを表現するために広く使われるようになりました。グローバリゼーションの起源は18世紀と19世紀に遡ることができ、交通と通信技術の進歩により国際貿易やアイデア、信念、文化の交換が増加しました。

このような日本語に訳してくれました。これは無料版のGPT-3.5で試した結果で、ChatGPT PlusのGPT-4を使えばさらに翻訳の質は上がります。

■ DeepLやGoogle翻訳のほうがいい？

AIを使った翻訳サービスは以前からChatGPT以外にも多数存在します。なかでも有名なのはGoogleが提供する「Google翻訳」と、ドイツ発の翻訳サービス「DeepL」ではないでしょうか。試しに同じ例文を翻訳させ3つを比べると「DeepL」が一番洗練されているという印象を受けました。つまり、単なる翻訳であれば必ずしもChatGPTを使用する必要はありません。

しかし、ChatGPTはこれまでのサービスのように単に翻訳するだけではありません。ほかにもさまざまな活用法があります。

2 翻訳した文をわかりやすく整形する「短く要約して」「箇条書きでまとめて」

ChatGPTは英文を直訳するだけではなく、訳した文章の内容を短く要約したり、口調や対象を変えたりといったさまざまな加工をすることができます。

翻訳した文を要約して読みやすく

基本的に翻訳しかできない「Google翻訳」や「DeepL」と異なり、ChatGPTは翻訳した文章をさらに加工することも得意です。翻訳してもらった文章が長すぎたり難解すぎたりして理解が難しい場合に、続けて「短く要約して」というプロンプトを入力することで翻訳した文章を要約できます。

プロンプト入力例

下記文章を短く要約して

プロンプト以下には前節の翻訳結果を入力しました。

応答例

グローバリゼーションは、世界中の人々、企業、政府の相互作用と統合のプロセスであり、20世紀初頭に現れ、20世紀後半には広く使われるようになりました。交通と通信技術の進歩により、国際貿易やアイデア、信念、文化の交換が増加しました。

例文は紙面の都合で要約が必要なほどの長さではありませんが、長大な論文やレポートなどを細かく読む際には効果を実感するでしょう。

また、箇条書きにすると要点を理解しやすくなることもあります。先ほどの応答例の次にさらに「上記文章を箇条書きでまとめて」というプロンプトを追加してみましょう。

プロンプト入力例

上記文章を箇条書きでまとめて

応答例

・グローバリゼーションは、世界中の人々、企業、政府の相互作用と統合のプロセスです。
・この用語は20世紀初頭に現れ、20世紀後半に広く使われるようになりました。
・グローバリゼーションの起源は18世紀と19世紀に遡ります。
・交通と通信技術の進歩により、国際貿易やアイデア、信念、文化の交換が増加しました。

この方法を駆使すれば、少ない時間でも英語のレポートやニュースをたくさん読むことができます。

3 日本語を英語にしてもらう「以下を英語にして」

英文は読めても正しい英文を書くのは自信がないという人は多いでしょう。ChatGPTを使えば英文の作成もお手のものです。しっかりした下訳があれば、英文ライティングも時短が可能になります。

とりあえず、そのまま英語にしてみよう

日本語を英語に翻訳する場合も同様に「下記を英語にしてください」というシンプルなプロンプトでOKです。

プロンプト入力例

下記の文章を英語にしてください
羽田空港にはターミナルが3つある。第1ターミナルは主にJAL、第2ターミナルは主にANAの国内線が発着、第3ターミナルには国際線が発着する。第3ターミナルだけ24時間営業なので、早朝の国内線利用客のなかにはホテル代を節約するために第3ターミナルで夜を明かす人もいる

応答例

Haneda Airport has three terminals. Terminal 1 is mainly used by JAL, Terminal 2 is mainly used for domestic flights by ANA, and Terminal 3 handles international flights. Only Terminal 3 operates 24 hours, so some early morning domestic flight passengers choose to spend the night there to save on hotel expenses.

直訳した結果、「第1ターミナルは主にJAL、第2ターミナルは主にANAの国内線が発着」という部分が、「Terminal 1 is mainly used by JAL, Terminal 2 is mainly used for domestic flights by ANA」となって、第1ターミナルはJALの国内・国際線どちらも発着すると読めてしまうので修正を依頼します。

プロンプト入力例

違います。ターミナル1はJALの国内線、ターミナル2はANAの国内線が発着します

応答例

(前略)Terminal 1 is primarily used for domestic flights by JAL, Terminal 2 is mainly used for domestic flights by ANA, (後略)

改善してくれました。このようにChatGPTの翻訳はまだ完璧ではありません。必ず作成された訳文を読み込んで確認するようにしましょう。

現状は単に翻訳だけに使用するなら、ほかの翻訳ツールを使ったほうが確実です。

4 ビジネスメールを書く「○○な人に以下の内容を伝えるメールを書いて」

すでにある文章を英語にするのではなく、英文にしてほしい「項目」だけを羅列することでまとまった文章を作成することも可能です。ここでは英文メールを作成します。

「書きたいこと」を羅列するだけで英作文が完成

ChatGPTで英作文をする場合は、原文の日本語作文さえ省略できます。単に「項目」を箇条書きで羅列するだけで英作文をしてくれます。

プロンプト入力例

以下の内容を伝えるビジネスメール（相手は目上の立場）を英語で作成してください
・先週金曜日のミーティングを家庭の事情で欠席したことを詫びる
・内容は同僚からキャッチアップしているので問題ない
・次回は参加できます。お会いできるのを楽しみにしている

応答例

Subject: Apology for Absence in the Meeting and Confirmation of Attendance for Next Time

Dear [Name of Superior],
I hope this email finds you well. I am writing to sincerely apologize for my absence at last Friday's meeting. Due to unforeseen personal circumstances, I was unable to attend.

I want to assure you that I have already caught up on the meeting's proceedings and the discussions with my colleagues. I am fully aware of the decisions made and the tasks assigned, and I am actively working on my assigned responsibilities.

I understand the importance of active participation in meetings, and I deeply regret not being present. ....（中略）

Thank you for your understanding and consideration. I apologize once again for any inconvenience caused by my absence. If there are any specific topics or preparations required for the next meeting, please let me know, and I will ensure that I am well-prepared.
（中略）
Thank you for your attention, and I look forward to our next meeting.

Best regards,
[Your Name]

あとは、［Name of Superior］に相手の名前、［Your Name］に自分の名前を書けばできあがりです。少々へりくだりすぎな感はありますが、十分に実践で使える英文メールが一瞬で完成しました。

5 英文を添削してもらう「ミスなどがあれば指摘・修正して」

ChatGPTに自分が書いた英文をチェックしてもらいましょう。シンプルに文法や綴りのミスを指摘してもらうだけではなく、指定した文体に書き直すことも可能です。

文法ミスを指摘してもらう

自分で書いた英文に恥ずかしい間違いがないか、誰かにチェックしてもらいたいということは多いでしょう。ChatGPTを英作文の添削に活用すれば、正確かつ自然な英語表現を身につけることができます。

プロンプト入力例

私は日本語を母語とする英語学習者です。以下の文章に文法ミスや不自然な表現があれば具体的に指摘・修正してください
Today, I woke up 6 a.m. I drinked a coffee and a bread with butter. Next , I went to my office , and cleaned around desk little bit, and sit my chair, and start working.

応答例

以下の文章にはいくつかの文法ミスや不自然な表現がありますの

で、修正案を示します。

修正案：

Today, I woke up at 6 a.m. I drank a cup of coffee and ate a slice of bread with butter. Next, I went to my office, cleaned around my desk a little bit, sat in my chair, and started working.

修正内容：

「I drinked」を「I drank」に修正しました。過去形は動詞の原型に「-ed」をつける形で表現します。

「a coffee」を「a cup of coffee」に修正しました。一杯のコーヒーを指す表現として一般的な形です。

「a bread」を「a slice of bread」に修正しました。パンの一切れを指す表現として一般的な形です。

「and sit my chair」を「and sat in my chair」に修正しました。過去形に合わせて動詞の形も修正します。

「start working」を「started working」に修正しました。過去形に合わせて動詞の形を修正します。

例文を修正するだけでなく、間違っていたポイントで、修正した理由を詳しく説明してくれました。添削後に、「フォーマルな文章にしてください」「カジュアルな文体にしてください」などのプロンプトを追加して、英文を整えることもできます。

ワンポイント!

「ラッパーのような口調で韻を踏んでみてください」といった無茶ぶりにも答えてくれます。結果は各自で試してみてください。

6 英単語を深掘りする「ニュアンスの違いを例文で教えて」

ここまででおわかりのようにChatGPTはパーソナルな英語教師に最適です。ここでは英単語の意味を深掘りし、同義語やニュアンスの違いを調べてみましょう。

単語の意味を調べる

理解が曖昧な英単語があれば、ChatGPTに意味を聞いてみましょう。

プロンプト入力例

「accept」の意味を教えて

応答例

「Accept」は「受け入れる」という意味です。これは、他人から提案、申し出、謝罪、招待などを受け入れることを指します。例えば、友達からの招待を受け入れる、謝罪を受け入れるなどです。また、「accept」は物事が現実であることを認める場合にも使用されます。例えば、事実や真実を受け入れる、結果を受け入れるなどです。

単語なら英和辞典を引けばいいと思うかもしれませんが、自然言語で回答されると、まるで先生に教えてもらっているような感覚です。

次に、今調べた単語の同義語・対義語の例を出してもらえば、学習に役立てられます。

また、よくあるのが単語の使い分けです。ニュアンスによる違いを知りたい場合は例文を作ってもらいましょう。

プロンプト入力例

accept と receive のニュアンスの違いを例文を使って説明して

応答例

「accept」と「receive」のニュアンスの違いを例文を通じて説明します。

1. "Accept":

・He offered her a job, but she didn't accept it.（彼は彼女に仕事を提案したが、彼女は受け入れなかった。）

・She accepted the apology and forgave him.（彼女は謝罪を受け入れ、彼を許した。）

「Accept」は、他人からの提案や申し出を受け入れることを指します。（以下略）

回答は大幅に省略しましたが、ここでは、単語の意味だけではなく、それぞれの例文とその日本語訳を生成してくれるので英単語を深掘りしながら学習することが可能です。

ほかにも、熟語やイディオム（慣用句）なども同様に詳しく解説してくれます。

7 単語集を作ってもらう「○○な英単語を○個リストアップして」

ChatGPTに単語集を作ってもらうのもいいアイデアです。仕事に関係のある分野の単語をリストアップしてもらったり、表の形式に整形してもらうことも可能です。

オーダーメイド単語集を作ろう

覚えたい単語をChatGPTにリストアップしてもらい、例文付きのオーダーメイド単語集を作ってみましょう。まずは単語の抽出です。

プロンプト入力例

IT企業社員がビジネスメールで利用頻度の高いであろう英単語10個をリストアップして

応答例

以下は、IT企業社員がビジネスメールでよく利用するであろう英単語のリストです。

1. Update（アップデート）- 進捗状況や情報の最新版を共有する際に使われます。

2. Request（リクエスト）- 依頼や要望を伝える際に利用されます。

3. Meeting（ミーティング）- 会議の予定や結果を共有するために使われます。（以下略）

単語のジャンルを指定する以外にも「TOEIC800点台レベルの英単語」「この文章内の珍しい単語」など自由に指定できます。ここでは紙幅の関係で10個にしていますが、100個でもまったく問題ありません。

プロンプト入力例

それぞれの単語に例文と日本語訳を付けて表形式で出力して

応答例

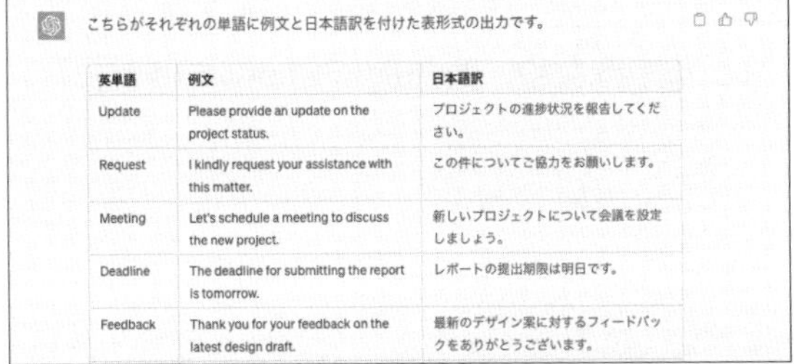

こちらがそれぞれの単語に例文と日本語訳を付けた表形式の出力です。

英単語	例文	日本語訳
Update	Please provide an update on the project status.	プロジェクトの進捗状況を報告してください。
Request	I kindly request your assistance with this matter.	この件についてご協力をお願いします。
Meeting	Let's schedule a meeting to discuss the new project.	新しいプロジェクトについて会議を設定しましょう。
Deadline	The deadline for submitting the report is tomorrow.	レポートの提出期限は明日です。
Feedback	Thank you for your feedback on the latest design draft.	最新のデザイン案に対するフィードバックをありがとうございます。

表形式に出力してもらいました。応用技として「CSVファイル」として出力してもらったものをExcelなどに読み込んで使うこともできます。

ワンポイント!

「単語をすべて使って英語のショートストーリーを作って」とお願いすれば、例文まで準備してくれ、暗記学習に役立ちます。

8 TOEIC対策問題を作ってもらう「○○な形式で問題を作って」

ChatGPTは試験対策にも最適です。TOEICやTOEFL、英検など受検する資格に合わせた対策問題を作成してもらって解いてみましょう。答え合わせにも付き合ってくれます。

TOEIC形式の文法問題を作成する

TOEICやTOEFLといった英語の能力検定のために英語を勉強している人も多いでしょう。これらの試験対策に関するコンテンツはインターネット上に多数存在するため、必然的にChatGPTの得意分野になります。

プロンプト入力例

TOEICのように、選択肢が4つの空欄穴埋め形式で英語の文法問題を5個作って

応答例

もちろんです、以下に5つの英語文法問題を作成します。各問題には4つの選択肢を用意しました。

1. "I have a friend who ___ in Canada."

a) living

b) lives

c) to live

d) live

(以下略)

このように一瞬で作問してくれました。プロンプトを工夫することでこれ以外にもさまざまな問題(もちろん英語に限りません)を作ってもらえます。問題を問いたら採点してもらいましょう。今回は「講評」も加えてもらうことにします。

プロンプト入力例

以下が私の解答です。採点と講評をお願いします
1.b、 2.b、 3.a、 4.c、 5.a

応答例

おめでとうございます！全問正解です。

1. "I have a friend who lives in Canada." - 'who'という関係代名詞の後には一般的に現在形が来ます。

(以下略)

このように細かな講評・注釈が表示されるので、さらに理解が深まります。ChatGPTさえあれば、無料でさまざまなジャンルの問題集を作成できるのです。

9 音声入力や読み上げの機能を使って英会話をする

英語学習、特にスピーキングは独学では限界があります。ChatGPTを使えばオンライン英会話スクールなどを利用しなくても英会話をシミュレーションすることができます。

テキストチャットに留まらない！ 音声を使う

ここではiPhone版ChatGPTアプリを使って説明します。PCやAndroidではブラウザー版を使えば手順は異なりますが同様のことはできます。

まずは下準備です。iPhoneの［設定］から［アクセシビリティ］→［読み上げコンテンツ］を開き、［選択項目の読み上げ］をオンにします。

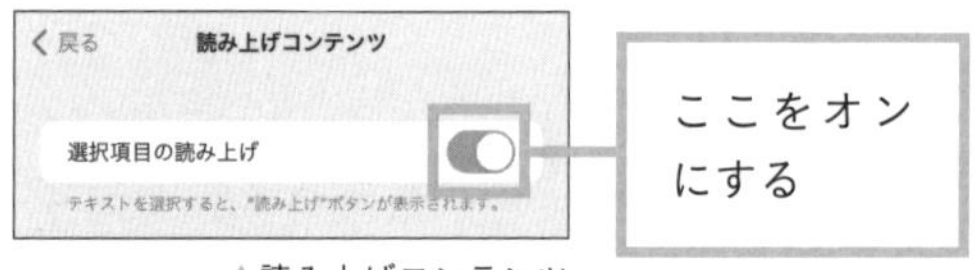

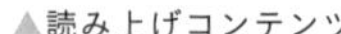
▲読み上げコンテンツ

プロンプト入力例

英会話の練習をしたいです。何か英語で話しかけて

応答例

もちろん、英会話の練習をサポートします！ どのような話題で話

をしたいですか？

ChatGPTで英会話を開始しましょう。入力欄の音声アイコンをタップします。その際、マイクの利用許可を求められたら許可をして音声入力をオンにします。まずはChatGPTに問いかけられた通り、希望する話題について英語で話して、録音を停止します。すると、話した内容が自動的にテキストに変換され入力されます。

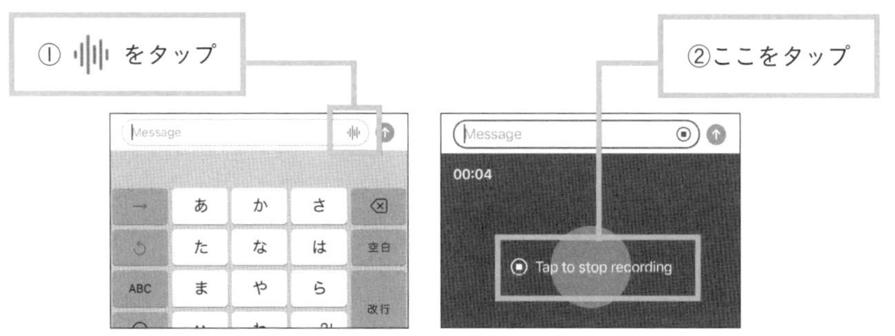

入力された英文を送信すると、英語でいい感じの答えが返ってきます。

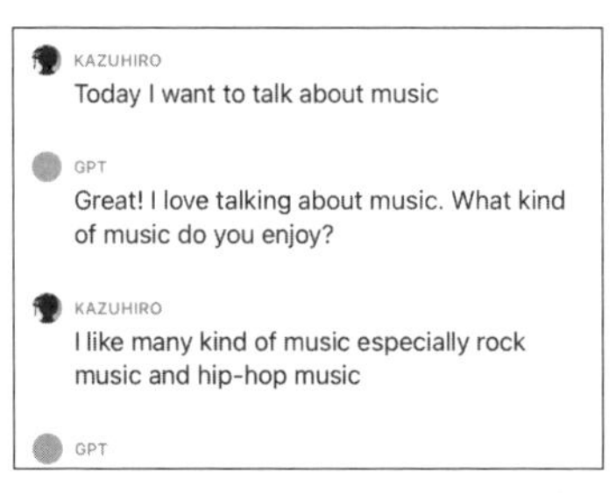

▲ ChatGPTと英会話

ワンポイント!

英語で話してもアルファベットではなくカタカナが表示されてしまうなど、うまく聞き取ってもらえない場合はキーボードの入力モードを［日本語］から［English(Japan)］に変更してみましょう。

■ ChatGPTにも音声で話してもらうには

現状ChatGPTに音声を再生する機能は用意されていないので、ここではiPhoneのテキスト読み上げ機能を利用してみました。テキストの読み上げには、チャットボックスの文字列を選択する、選択したテキストを読み上げるという2手順が必要です。

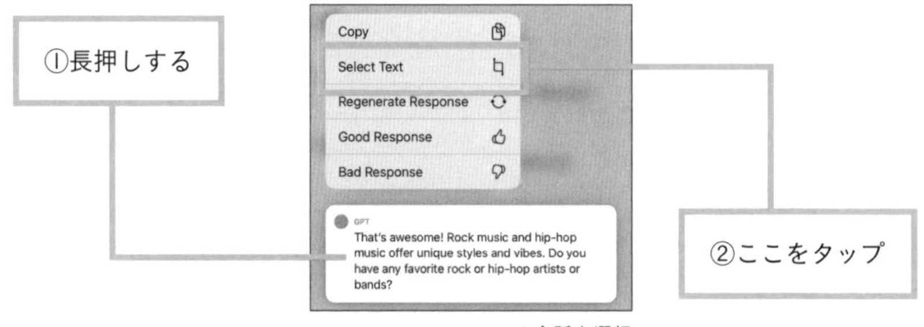

▲会話を選択

読み上げさせたい会話の上で長押し、表示されたメニューから［Select Text］をタップします。チャットボックスの全文が選択されるので、読み上げたいテキストの範囲を調整後、選択範囲の上でタップし、［Speak］をタップします。

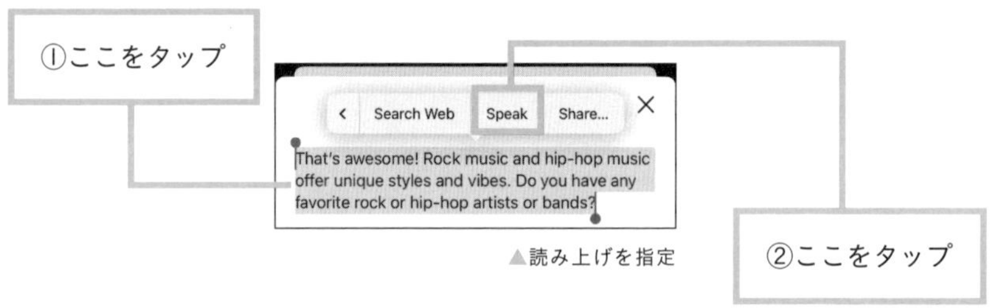

▲読み上げを指定

読み上げ速度は、iPhoneの［設定］→［一般］→［アクセシビリティ］→［VoiceOver］を開き、［読み上げ速度］のスライダを調整して変更できます。

なお、Chromeの拡張機能（第7章参照）で、「Voice Control for ChatGPT」をインストールすれば、PCでもChatGPTの読み上げが可能になります。

Chapter 7

プラグインや各種サービスでさらに便利に使う

1 ChatGPTのプラグインを使ってみよう

ChatGPTプラグインとは、特定のジャンルやサービスに特化した形でChatGPTを使い、手順少なく深い情報にたどりつけるようにするものです。現状は、ChatGPT Plus契約者のみ利用できます。

プラグイン利用の概要と代表的なプラグイン

2023年6月現在、**プラグインは、ChatGPT Plusを契約すると利用できるGPT-4のみで使えます。**プラグインを追加するには、サイドメニューから［Settings］を開き、**［Beta features］で［Browse with Bing］と［Plugins］をオンにします。この時点でWebブラウジングが可能になります。**

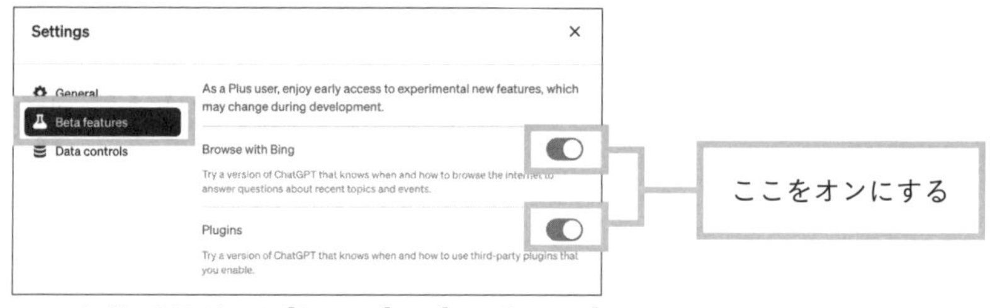

▲ChatGPT Plusの［Settings］→［Beta features］

サードパーティのプラグインの追加にはもう少し手順が必要です。

上記の設定を変更後に［New chat］ボタンで新しい画面を開きます。メイン画面上で［GPT-4］を選択し、プルダウンメニューが表示されたら［Plugins Beta］をクリックで選択します。最初はプラグインが1つもないため、[No plugins enabled] と表示されます。そこをクリックすると表示される [Plugin store] をクリックし、[Plugin store] を開きます。

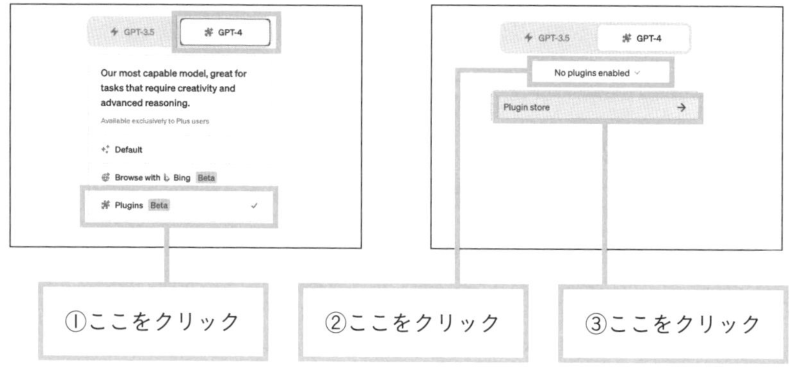

▲ Plugin store を開くには

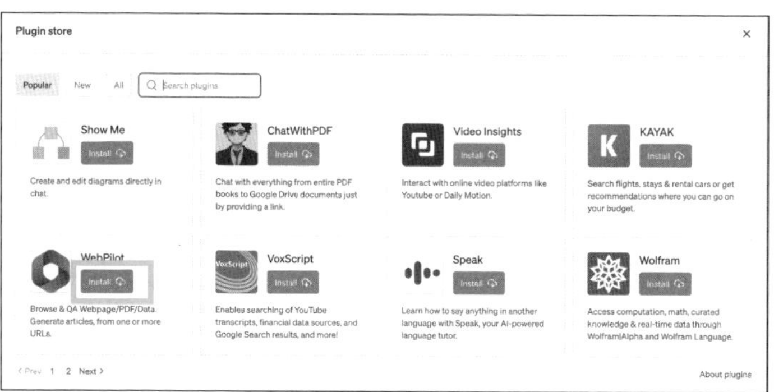

▲ Plugin store 画面

Plugin storeには利用できるプラグインが一覧で表示され、アイコン横の [Install] ボタンからすぐにインストールできるようになっています。

▲プラグインがインストールされた

利用できるプラグインは非常に数が多いので、ここでは確実におすすめできるものをいくつかピックアップしてみましょう。

■ 「Webブラウジング」と「WebPilot」で最近のことを調べる

ChatGPTの学習データは2021年9月までなので最新の情報を調べることができないのが弱点と言われています。それを解消するのが**OpenAIが提供するWebブラウジング機能「Browse with Bing」**です。[GPT-4]のタブで[Browse with Bing]を選択すると、Microsoft Bing経由でChatGPTでWeb検索が可能になるので、通常通りに質問を投げかけます。

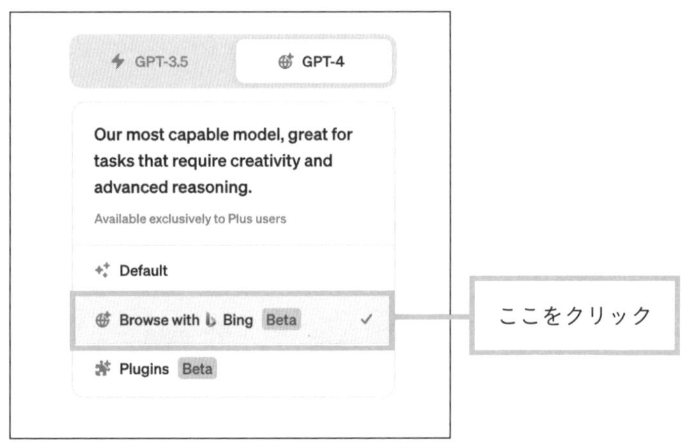

▲ Web ブラウジングを使う

また、URLがわかっていて、そのリンク先の情報を要約・翻訳したり、その情報を元に回答させたい場合は**オープンソースのサードパーティプラグイン「WebPilot」**（詳細はhttps://www.webpilot.ai/）をPlugin storeからインストールして使うほうがいい結果が得られることがあります。WebPilotでリンクを参照して、YouTubeの動画の内容を説明させれば、YouTubeの画面さえ開かずに内容が把握できてしまう、なんともすごいですね。

▲ WebPilot プラグイン

また、最新の情報といえば日々の天気やニュース。これも**「Browse with Bing」や「WebPilot」を使えば**、ChatGPTに相談できます。

■ 日本人なら「食べログ」プラグインは試したい

日本の会社としていち早くChatGPTプラグインをリリースした「食べログ」（カカクコム）。**飲食店を探す条件や場所などを指定すれば、お店の情報を取得してくれます**。日時や人数を指定してネット予約の空席がある店舗も探すことができ、即予約ページも表示してくれて便利です。

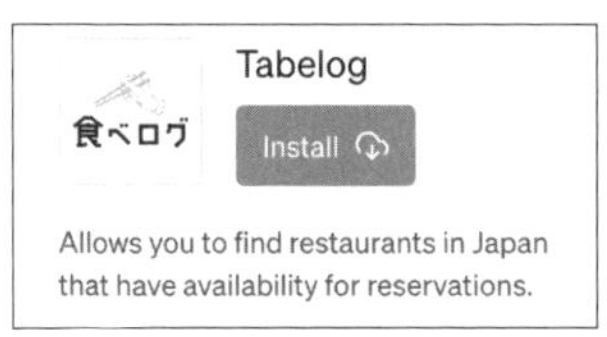

▲ Tabelog プラグイン

■ 外部サービスとつなぐ「Zapier」プラグイン

各種のプラグインで処理した内容を**「Zapier」プラグインに渡すと、さらに外部サービスと連携して、いろいろな自動処理が可能になります**。例えば、食べログで調べた内容をNotionに自動的に保存するなども可能です。

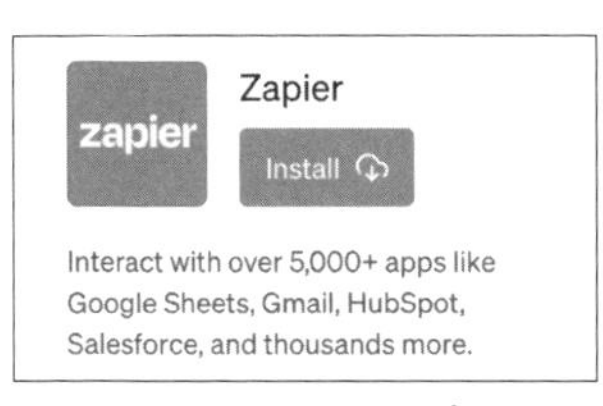

▲ Zapier プラグイン

2 Chromeの拡張機能も使ってみよう

ChatGPTはWebブラウザーで利用するサービスのため、Chrome拡張機能が早期から多数登場しています。ここでは、ChatGPTの機動性を上げ、作業をサポートする2つを紹介します。

YouTube動画をChatGPTを使って要約する

YouTubeの動画のなかには、自動で字幕情報が生成されているものがあります。人の声などを解析して、YouTubeがテキストデータ化しているものです。このテキストは自動翻訳字幕にも使われています。つまり、動画を見ているだけでは気づかなくても、YouTubeにはすでに大量のテキスト情報がタイムコードとともに存在しているのです。

この**字幕用のテキスト情報をChatGPTに処理させ、動画でどういったことが話されているか、手早く要約するという機能を実現するのが「YoutubeDigest：ChatGPTでまとめる」**です。

要約結果を見れば、そもそもこの動画を見るべきかどうかの判断ができますし、さらに、タイムコードがテキストに紐づけられていますから、気になるところだけをワンクリックで再生することもできます。

使用するブラウザーでChatGPTにログインしておき、Chromeウェブストアから拡張機能をインストールしましょう。最初に設定画面が開きますが、特に設定を変更するべき箇所はないので、そのまま視聴するYouTubeページを開きます。

「YoutubeDigest：ChatGPTでまとめる」(youtubedigest.app)

▲ YoutubeDigestの利用例

YouTubeの画面右上に新しく［Summary］というボタンが表示されているのでこれをクリックすると、上図のように字幕が要約されながら順次、表示されていきます。ビデオは再生しなくても大丈夫です。この要約は英語でも日本語でも、その他の言語でもYouTubeが対応しているものであれば、何でも処理が可能です。

ChatGPTのテキストをマークダウン化

ChatGPTで生成されたテキストをほかのソフトウェアで利用する場合は、どうしてもコピペする作業が必要になります。これをちまちまとやっていくのは、わりと面倒です。その問題を一気に全部解決するのが「Simple ChatGPT Clipper」です。一度インストールしてしまえば、ChatGPTの質問と応答のすべてをページまるごとコピーでき、ペーストしたときはマークダウン形式で出力されるので、非常に便利です。

Simple ChatGPT Clipperを利用するには、拡張機能ファイルをGitHubからダウンロードして、Chromeにインストールします。まず、下記のURLへアクセスし、［Code］から［Download ZIP］をクリックしてコードをダウンロードし、ZIPファイルを解凍しておきます。

Simple ChatGPT Clipper（horibe）
https://github.com/hirobe/simple-chatgpt-clipper

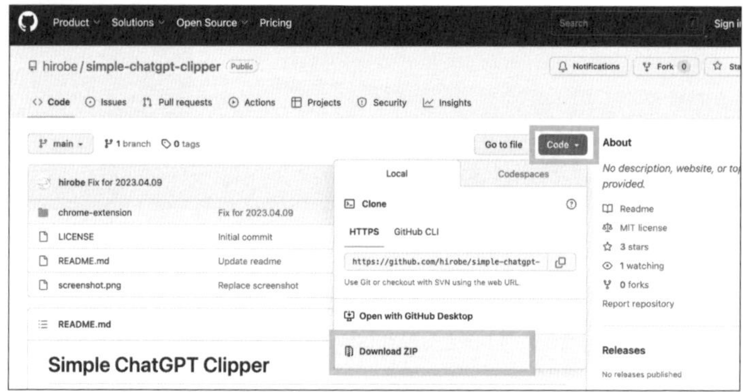

▲Simple ChatGPT Clipperのデータをダウンロード

続いてChromeのアドレスバーに「chrome://extensions/」を入力し、右上の［デベロッパーモード］をオンにしたうえで、［パッケージ化されていない拡張機能を読み込む］をクリックします。読み込みダイアログでは、解凍したフォルダの中の［chrome-extensions］フォルダを［選択］、

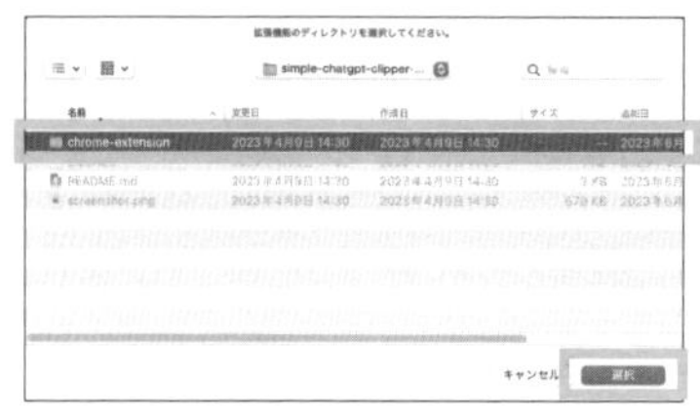

▲拡張機能フォルダを読み込む

▲スライダはオンして利用可能にしておく

拡張機能が読み込まれたら右下のスライドがオンになっていることを確認します。また、ChatGPTを使いながらすぐに利用するために、アドレスバーの右横にある拡張機能ボタンをクリック、ピンマークのボタンをクリックしてアドレスバーの右横に固定表示しておきます。以上で準備完了です。

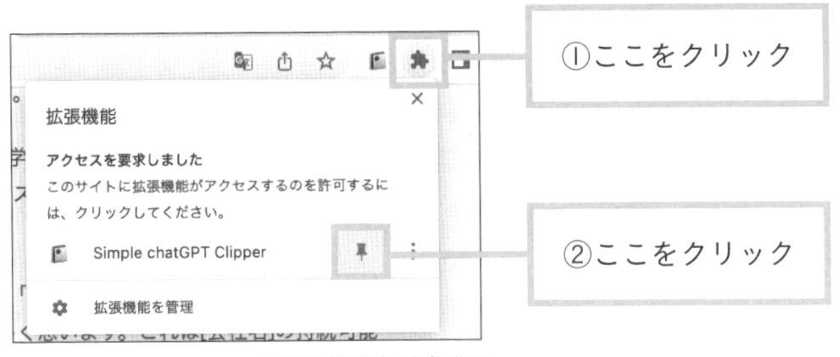

▲拡張 機能を固定する

あとは、利用したいChatGPT画面を開いた状態で［Simple ChatGPT Clipper］のアイコンをクリックしてデータをコピー、エディターなどのソフトにペーストすると、テキストはマークダウン記法で記述されています。

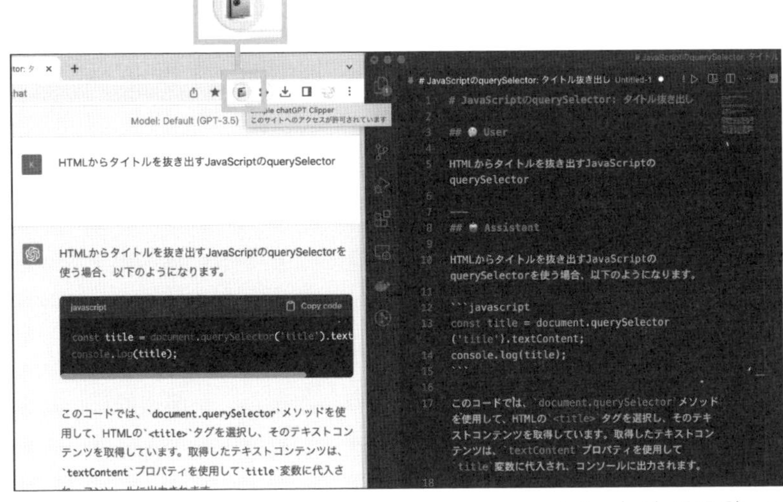

▲ Simple ChatGPT Clipper

3 別サービスなどの展開と利用について知る

ChatGPTはAPIが公開されており、外部サービスからChatGPTを呼び出して使うことができます。それらのなかには本家以上に使いやすくなっているものもあります。

API利用で展開されている本家顔負けのサービス

■ ほぼ公式サービスとも言える「Bing AI」

「Bing AI」は、ChatGPTの開発元Open AIに多額の出資をし、継続的な協力関係を発表しているMicrosoftが提供しているAPIを利用したサービスです。そのため、ほとんど公式サービスといっていいような優れた出来映えで、実際Bing AIはどこよりも早くChatGPT 4をBing AIで利用しています。

Bingは Microsoftの検索エンジンですから、Bing AIが提供するものも基本的には検索のサポートです。ただ、ユニークなのは、検索をする際のチャットでの会話のスタイルを選択できることです。基本オプションとして［より創造的に］［よりバランスよく］［より厳密に］という3つのスタイルが用意され、それぞれで検索結果はかなり違うものになることが多くなっています。カルチャーやエンタメのことならより創造的に、ビジネスのことならよりバランスよく、事実確認であればより厳密にという感じでまずは使ってみることをおすすめします。

また、画像や動画を探しているときは指定することで、直接チャットのなかに画像や動画を表示してくれます。地味ですが、このひと手間がなくなるのは、とても使いやすいです。

なお、チャットの返答には引用元がリンクの形で提供されているので、すぐに引用元を確認できるのもありがたいところです。

▲ Bing AIはEdgeブラウザーと、スマホアプリで使える

■ Easy-Peasy.AI

ChatGPTのAPIを利用した生成AIサービスであるEasy-Peasy.AI。本家ChatGPTよりも速いことを売りにしていますが、それ以上に大きな特徴が、数多くのテンプレートを用意していることです。ここでいう**テンプレートとは生成する文書の型のようなもので、ビジネス文書からSNSの投稿用、プレスリリースジェネレーターまで用意されています**。このテンプレートのリストをながめているだけでも、自分がゼロから仕事を始めなくていいことに、すっかり楽しい感じになりますし、もしも自分の用途に

バッチリはまるものがあれば、それはもう最高です。

肝心のチャット機能はすでにGPT-4に対応。Marky（マーキー）と呼ばれる野球帽をかぶった少年とチャットすることなっているのが、ちょっと不思議です。さらに、音声の自動文字起こし、画像生成もすべて同じ画面で実現してくれます。月額プランも複数用意されているので、自分がやりたいことにマッチするプランを選びましょう。

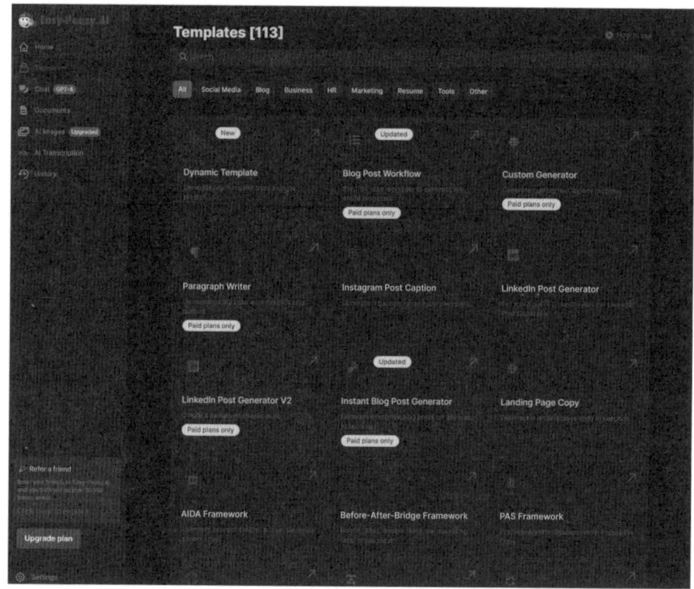

▲ Easy-Peasy.AI（https://easy-peasy.ai/ja）

文書作成を直接サポート

■ Notion AI

仕事の書類やメールでも、何かの書き物でも、とりあえず、書き始めることをサポートすることは、ChatGPTの最も得意とするところです。それなら書くことを主体とするサービスのなかで、ChatGPTをそのまま使うことができたら最高ですよね。

メモやタスク管理をはじめとした仕事効率化系のサービスとして人気のNotion（https://www.notion.so/）から出ている**Notion AIは、「Ask AI」という形でドキュメント手早く作成・精査するところに特化**しています。普段からNotionを使っていれば、すでにそこにメモや議事録が蓄積されているでしょうから、それをどう加工すればいいかAIに指示すれば、すぐに自動的にドキュメントが作成されていくという補助機能になっています。

■ note AIアシスタント（β）

SNSと連動しながら記事の公開・販売・サブスクの運用ができるブログサービスnote（https://note.com/）の発表した**note AIアシスタント（β）は、まさに記事をどう書き始めて、どう整えて、どうまとめるのかをサポート**してくれます。AIと相談しながら、最後は記事作成のなかでも一番大事なタイトルの提案までしてくれるのですから、noteが考えた手順をAIがサポートしてくれるというわけです。そして、それが普段の投稿画面でそのまま使えるので、編集権限者が訂正・修正するのも、すぐにできます。

特に仕事で記事を書かなくてはいけないときなど、必ずしも社内に優秀なライターがいるわけでもないこともあるでしょう。でも、note AIアシスタントを使うことで、優秀なアシスタントがいる状態を提供してくれるのであれば、とりあえず何か記事を作ることは、より簡単になります。

▲ note AI アシスタント（β）

COLUMN

期待されるロボットへの展開

AIBOに代表されるような、自律して動いてくれるロボットと自由に話をすることができたら、どんなに楽しいだろうと思ったことはありませんか。それをロボットを作る会社が独自に作ることは難しく、ソニーのpoiq（ポイック）のような実験的なプロジェクトも進行しています。でも、ロボットとChatGPTをつなげてしまえば、それも突如、夢ではなくなってきます。

例えば、ソフトバンクロボティクスのPepper（ペッパー）に、これまでできなかった賢い受け答えを実現させている開発者もすでにおり、既存のアプリの拡張機能を使ってそれを実現する方法も公式に公開されています。しかも難しいプログラミングのスキルは不要です。

また、モバイル型ロボットとして知られるシャープのロボホンも、ChatGPTを使った新アプリケーション「お話作ろう」の提供開始も発表しました。Pepperは登場から9年、ロボホンは登場してから7年が経過しています。そういった最新型とはいえないロボットが、今とうとう、ChatGPTのおかげで、流暢に話し始めるのです。

また、AIBOやpoiqのようにカメラ機能を持っていれば、ChatGPTでも予定されている画像とテキストのマルチモーダル処理も、今後は可能になっていくでしょう。ロボットが友だちのような相棒となる、未来が一気に実現可能となっているのです。

監修者プロフィール

古川渉一（ふるかわ しょういち）

1992年鹿児島生まれ。東京大学工学部卒業。株式会社デジタルレシピ取締役CTO。学生時代にAI研究を行う松尾研究室に所属したことをきっかけにインターネットに興味を持ち、大学生向けイベント紹介サービス「facevent」を立ち上げ、延べ30万人の大学生に利用される。その後、国内No.1 Twitter管理ツール「SocialDog」など複数のスタートアップを経て現職。デジタルレシピでは事前登録者数6,000人を超えた、パワーポイントからWebサイトを作る「Slideflow」の立ち上げを経て、現在はAIライティングアシスタント「Catchy（キャッチー）」の事業責任者。CatchyはOpenAI社が提供するテキスト生成AI「GPT-3」を活用した国内向けサービスとして、リリース後半年間でユーザー数4万人を超える。事業戦略、プロダクト開発、マーケティング、AIのビジネス活用など幅広い領域に知見を持ち、0から事業を垂直に立ち上げることを得意とする。

著者プロフィール

田口和裕（たぐち かずひろ）

Chapter 1〜3, 6担当。タイ在住のフリーライター。雑誌、書籍、IT系ニュースサイトなどを中心に、ソーシャルメディア、暗号通貨、NFT、生成系AIなど幅広くIT記事を執筆。著書は「最新 図解で早わかり 人工知能がまるごとわかる本」（ソーテック・共著）「ゼロからはじめるテレワーク実践ガイド ツールとアイデアで実現する「どこでも仕事」完全ノウハウ（できるビジネス）」（インプレス・共著）など多数。
Amazon著者ページ：http://amzn.to/hvm19A

森嶋良子（もりしま りょうこ）

Chapter 5担当。IT系ライター、エディター。WebサービスやSNS、デジタルガジェットの活用ガイドを中心に執筆。著書に「今すぐ使えるかんたん ぜったいデキます！ タブレット超入門」（技術評論社）、「できるfit YouTube 基本＋活用ワザ 最新決定版」（インプレス・共著）など。

いしたにまさき

Chapter 4, 7担当。ブロガー・ライター・アドバイザー。2002年メディア芸術祭特別賞、第5回Webクリエーションアウォード Web人ユニット賞受賞。著書も多数。2011 年9月より内閣広報室・IT広報アドバイザー。同年アルファブロガー・アワード受賞。ネット発のカバンデザインも好調。ひらくPCバッグで2016年グッドデザイン賞受賞。
Twitter @masakiishitani

STAFF

ブックデザイン	沢田幸平（happeace）
カバーイラスト	くにともゆかり
DTP・編集	宮崎綾子・霜崎綾子
校正	株式会社トップスタジオ
デザイン制作室	今津幸弘
デスク	渡辺彩子
編集長	柳沼俊宏

本書のご感想をぜひお寄せください
https://book.impress.co.jp/books/1123101025

読者登録サービス CLUB IMPRESS

アンケート回答者の中から、抽選で**図書カード（1,000円分）**などを毎月プレゼント。
当選者の発表は賞品の発送をもって代えさせていただきます。
※プレゼントの賞品は変更になる場合があります。

■商品に関する問い合わせ先

このたびは弊社商品をご購入いただきありがとうございます。本書の内容などに関するお問い合わせは、下記のURLまたは二次元バーコードにある問い合わせフォームからお送りください。

https://book.impress.co.jp/info/

上記フォームがご利用いただけない場合のメールでの問い合わせ先
info@impress.co.jp
※お問い合わせの際は、書名、ISBN、お名前、お電話番号、メールアドレス に加えて、「該当するページ」と「具体的なご質問内容」「お使いの動作環境」を必ずご明記ください。なお、本書の範囲を超えるご質問にはお答えできないのでご了承ください。

●電話やFAX でのご質問には対応しておりません。また、封書でのお問い合わせは回答までに日数をいただく場合があります。あらかじめご了承ください。
●インプレスブックスの本書情報ページ　https://book.impress.co.jp/books/1123101025 では、本書のサポート情報や正誤表・訂正情報などを提供しています。あわせてご確認ください。
●本書の奥付に記載されている初版発行日から3年が経過した場合、もしくは本書で紹介している製品やサービスについて提供会社によるサポートが終了した場合はご質問にお答えできない場合があります。

■落丁・乱丁本などの問い合わせ先
FAX　03-6837-5023
service@impress.co.jp
※古書店で購入された商品はお取り替えできません。

ChatGPT快速仕事術（できるビジネス）

2023年7月21日　初版発行

監修　古川渉一
著者　田口和裕、森嶋良子、いしたにまさき
発行人　高橋隆志
発行所　株式会社インプレス
〒101-0051　東京都千代田区神田神保町一丁目105番地
ホームページ　https://book.impress.co.jp/

印刷所　株式会社 暁印刷
ISBN978-4-295-01736-3 C0004
Printed in Japan